Sergio Ardaist

mi amigo el Psicópata

Sergio Ardaist

mi amigo el Psicópata

21 días para entender mente de un depredador

JustFiction Edition

Mi amigo Frodo

21 días para entender la mente de un depredador

"En todo ser humano habita una potencia destructiva y competitiva"

Sergio Ardaist

Escritor de libros de Auto ayuda

Mi amigo Frodo

Sergio Ardaist

21 días para entender la mente de un depredador

Mi amigo Frodo se propone entregar en forma simple las herramientas para reconocer claramente a estos expertos simuladores

Introducción

Existen varias formas de mirar el mundo de los psicópatas y el efecto que producen, la primera de ellas viene de los profesionales de la salud, que además de estudiar sus conductas tratan de ayudar de diversas maneras a las personas que ya han sido o que actualmente son víctimas, y a las que no han caído aún en sus trampas. Entre los diversos tipos de recursos existen, terapias, talleres y libros muy bien preparados para centrar todos los esfuerzos en ayudar a quienes ya han sufrido este tipo de influencias y por qué no, ser también un faro de conocimiento para todo aquel que desee saber.

La segunda, viene directamente de las víctimas que lamentablemente ya padecen las consecuencias de su despiadada influencia y también las que han podido salir de todo esto. Esta tragedia no distingue género ni edad, porque puede ocurrir tanto a hombres como a mujeres, niños o ancianos. La forma de ver esta depredación suele ir mejorando a medida que encuentran los recursos para ir saliendo a flote y empiezan a tener signos claros de recuperación.

La tercera, y muy asociada a la anterior son los parientes y personas cercanas que en muchas ocasiones pueden ver antes que la propia víctima la destrucción sistemática que llevan adelante estos seres sin alma. Es por eso que generalmente estos psicópatas van cercando sus presas de todos los seres que pueden prevenirle.

El último de todos y no menor en importancia para poder saber lo que piensan, es la mirada de los mismos depredadores, que están insensiblemente dedicados a producir dolor y angustia de diferentes formas, acudiendo a todo tipo de estratagemas para lograrlo. El estudio de ellos en estas últimas décadas ha permitido avanzar enormemente en el conocimiento de cómo piensan y actúan. Este conocimiento en parte se ha obtenido de ellos mismos. Todo ese caudal de luz que los profesionales y afines han logrado hasta el momento está al alcance de nosotros, para poder entender y prevenirse de este tipo de personajes.

Mi amigo Frodo representa la visión misma de uno de ellos, de entre tantos, una muestra clara de cómo operan en distintos entornos estos seres carismáticos y cómo viven su propia realidad. Por medio de él conocerás a los distintos tipos de psicópatas que habitan entre nosotros.

Por lo general es común asociar a los psicópatas con hechos delictivos graves, ya que se los muestra como personas violentas, capaces de asesinar y cometer atrocidades. Los medios y el cine destacan a este tipo de personas con modelos claros y bien definidos como el clásico y conocido "Hannibal Lecter" interpretado por Anthony Hopkins, o "Misery" por Annie Wilkes , ambos famosos por representarlos en su máximo esplendor. Aunque es totalmente cierto y en esto hacemos referencia a los llamados psicópatas puros, son en cierta forma un número menor y mucho más fácil de identificar debido a que este tipo, tarde o temprano, cometerá algún tipo de delito. Pero hay otra clase de psicópatas que son mayoría y que la comunidad profesional los describe con el nombre de Integrados o modernos. Estos últimos pueden estar y de hecho están insertos en todos los ámbitos de la sociedad sin ser mayormente reconocidos, desde un hogar de familia, un grupo de trabajo en una empresa, el club donde practicas deporte y hasta incluso en organismos de gobierno. La violencia no es un elemento claro para identificarlos, ya que no se destacan por hacer uso de ella sobre sus víctimas, sino más bien por ejercer otro tipo de dominio más sutil y progresivo. Un claro y siniestro ejemplo de ello lo podemos representar acudiendo al recurso del cine mostrando el reciente estreno del thriller "I Care a lot" en inglés o "Descuida, yo te cuido" en español, que es interpretado por Rosamund Pike, en el que inescrupulosamente saca provecho de su rol como tutora de adultos mayores asignados por el Estado, usando su poderosa influencia para succionar día a día los abundantes recursos de ancianos, a quienes ella misma atrapa con sus estrategias y hace que terminen sin necesidad alguna bajo su tutela en residencias para adultos mayores. Este personaje es una persona oscura que está dispuesto a hacer lo necesario para conseguir lo que quiere, sin tener un mínimo grado de sensibilidad, causando todo el daño necesario para conseguir lo que desea.

Ante este tipo de panorama es imperante adquirir conocimiento de los profesionales, escuchar las experiencias de los que lo han padecido y por qué no también de ellos, los ejecutores de tanta maldad. Desde el momento en que dejamos que estos seres siniestros avancen sobre nosotros, estamos permitiendo que inoculen nuestras vidas con su perversa forma de dominio. Anulando y drenando nuestra psiquis día a día, hasta quedar agonizando por años, librados a la suerte de encontrar o no una forma desalida.

Se sabe por estudios de estas conductas, que tienden a buscar lugares o vínculos donde puedan ejercer dominio de alguna clase, como los que mencionamos anteriormente. Haciendo que les sirvan los que están por debajo de ellos como fieles sirvientes. En las áreas donde pueden ejercer poder es muy común encontrarlos y por lo general son capaces de promulgar leyes en favor de su propio beneficio, colocando sobre los pueblos yugos de dominio, según el alcance y las posibilidades que tengan. He incluso pueden presentarse en los medios como leales salvadores de la humanidad, haciéndonos creer que son indispensables.

Con este tipo de personas se necesita de un número muy pequeño para ejercer dominio y sufrimiento sobre la población mundial. Esto también es un llamado a observar y prestar atención de por qué no hay hasta el momento políticas sanitarias concretas que restrinjan a estos personajes siniestros de estar en estas posiciones.
¿Será que ya son suficientes como para decidir que no haya un cambio en esto?
¿Quizás hace falta más que solo estas políticas para el caso de los depravados que están enquistados en el poder y que asolan los diferentes pueblos?

En términos generales también los encontramos ejerciendo dominio individual, como en el caso de una pareja o familia. En entornos de trabajo, depredando pequeños grupos donde buscan posicionarse rápidamente, o también en lugares de mayor posibilidad de influencia, como es el caso de las grandes empresas e incluso las áreas de gobierno, como hemos mencionado anteriormente. A nivel global, también los hallamos siendo parte de grandes organismos internacionales con un radio de influencia sin precedentes, como ya habrán notado.

Con respecto a los que influyen más a nivel individual, nos encontramos con aquellos que se dedican a hacer daño de una manera personalizada, como es el caso de una pareja o incluso de una familia. Generalmente la víctima pierde la capacidad de darse cuenta que está frente a un vampiro psicológico y emocional, como se lo suele describir, porque está adormecida o ha perdido la capacidad de disociar la verdad delerror.

Nos enfocaremos principalmente, en aquellos que se presentan con mesura, equilibrio y orden. Que manifiestan tener valores morales y éticos sin sustento real y que paulatinamente van sacándote todo lo que tienes. ¡Están más cerca de lo que parece!
¡No está todo perdido si aprendemos a reconocerlos!

"Con este libro puedes comprender cómo sucede, identificarlos a tiempo y elaborar los recursos para dejar de ser su víctima y proteger al resto de tu familia. Podrás detectarlos incluso en los entornos de trabajo y en ámbitos de mayor influencia.
Aprenderás cómo sanar las heridas junto con la ayuda de profesionales dedicados a este tipo de hechos.

"Recuerda que este libro además de salvar tu psiquis puede salvar tu vida entera"

Día 1

Hola, soy tu amigo el psicópata, el que cruzas cuando estás en el trabajo, el que ves en el colegio, el que te atiende en la tienda de la esquina o cualquier otro que pueda estar vinculado en tu vida, incluso tu madre o padre, tu hermano o tu prima tal vez.

¿Estás sorprendido de que te advierta quién soy?, pero no te confíes porque este es un momento de reflexión en mi vida y veo la necesidad de advertirte lo que puedo hacer. No hablo desde el corazón porque poco sé de emociones, sino que te hablo desde la lógica de la meditación y reflexión en la que estoy ahora. Creo que volveré a escribir cuando entre de nuevo en esta forma, así que aprovecha lo que tengo para decirte.

Espero que aproveches esta oportunidad que te doy y llegues a entender cómo me muevo en la sociedad y veas lo inserto que estoy, al grado que camino desapercibido la mayoría del tiempo. Aprendo rápido a operar en todos los entornos y por lo general me salgo con las mías. Poco me gusta perder y acudo generalmente a toda estrategia para lograr lo que quiero, sin importar el precio que haya que pagar, que por cierto no soy el que paga.

Es más, te voy a decir algo que seguro no te va a gustar, aunque es necesario y es que puedo ser tú hablando en este momento con mí vos. ¡Claro!, es fácil reconocer y juzgar a otros, encontrar sus falencias y ponerles un rotulo grande de "loquito", para así quitar la atención de uno mismo. Lo desafiante es encontrar en mí, o sea en ti, ése que verdaderamente somos. No el que posteamos en Facebook o Instagram, ni el que mostramos cuando nos cruzamos donde te parezca, sino el que solamente nosotros conocemos y del que resaltamos lo que mejor nos convenga. Yo he mirado adentro mío y encontré quién verdaderamente soy, eso me ha llevado a hacer lo que justamente hago en este preciso momento, darte la oportunidad de reconocerte a ti mismo, ya sea que te encuentres parecido a mí o no. Eso solo lo sabrás tú y en cualquiera de los resultados hay ganancia y debes de tomarla, para bien o para mal.

En un primer momento pensé que lo que me pasaba era otra cosa, e incluso por un tiempo estaba seguro de que era así, hasta que después de investigar sobre mi conducta llegué a una conclusión. No fue tan duro porque me lo esperaba, aunque sabía que no estaba todo bien conmigo, y además porque no soy tan simple de sensibilizar. Creo que en mi caso es un beneficio tener un nivel bajo de sensibilidad, porque hay cosas que duelen mucho menos de lo común, por lo menos en mi caso es así. Entiendo también que a esto que le llamo beneficio también puede ser tomado como un arma para destruir.

Ahora que todavía tengo ganas, te voy a decir cómo descubrí y entendí quién era realmente y lo que hago en la actualidad para evitar depredar lo más que se pueda. Esto de evitar no me pasa todo el tiempo, pero cuando veo que puedo hacerlo lo hago. Porque no vayas a pensar que están libres de mis acciones y aunque sé que socialmente está mal, me falta la parte emocional para poder sentir culpa, por eso no puedo hacer eso que hacen los que se llaman normales, de arrepentirse verdaderamente, en realidad tampoco me preocupa.

Espero que no sea tu vos la que habla sino la del psicópata, porque en este preciso instante no distingo si eres tú o yo hablando. ¡Quizás haya un poco de ambos en este momento!

Vamos a ponerme un apodo, porque no me agrada que te acostumbres a llamarme psicópata y sé que suena extraño, pero no quiero eso. Además, en todo caso yo podría decirte de la misma forma y ves que no lo hago, por lo menos hasta el momento. De ahora en más me llamaré Frodo, por si no lo sabes aún, siempre hay incongruencias en personas como yo, y lo que hoy sostenemos mañana puede ser totalmente opuesto. Al principio me aguanté que me llames o pienses que soy un psicópata, pero ahora que ya empezamos a conocernos y a tener confianza prefiero mi nuevo apodo, suena bien.

Elegí este personaje porque representa mucho de lo que quiero reflejar en general, o por lo menos en lo que trabajo personalmente. Esta fachada me ayuda para llegar a lograr mis ....., cómo les podría decir, ¡objetivos!

Recién pensaba que hasta en mis frases incongruentes hay sentido y aunque parezcan contradictorias, creo que la vida en general está llena de incongruencias. Sólo que según lo que han establecido otros, parece ser que no se puede ser un tanto anormal. Creo personalmente que no tiene por qué ser todo tan acertado y sin contrariedades.

Volviendo a Frodo, porque la verdad que se merece que hable de él, ósea de mí, es un personaje de ficción que tiene una imagen muy noble y te agrada solo de verlo. Siempre trabajo bastante para tener ese mismo impacto en la gente y por lo general lo logro. Eso me agiliza mucho en conseguir lo que quiero, porque si te quedas quieto otro se te adelanta.

Por lo general cuando escribo me lleva su tiempo, no obstante, las palabras salen de mis dedos con gran velocidad. Será que decidí hablar de mí y puedo describirme bastante bien, en fin, aprovéchalo para tu bienestar.

Cuanto antes reconozcas mis conductas, más rápido podrás protegerte y librarte de mí, o de advertir a tus seres queridos. Dedica tiempo para entenderme y saber cada detalle que hacen a mis fortalezas y también a mis debilidades y entiende también que esto es un desafío entre tú y yo. Regreso cuando vuelva a tener ganas de hacerlo, porque fue suficiente por hoy y ya me siento cansado, porque no hago este tipo de cosas.

Día 2

La verdad que hasta mí me parece un tanto retorcido por momentos mostrarte todo esto, pero es que hace falta que, más personas se den cuenta de todo lo que hacemos día a día y del mal que generamos en nuestro círculo. ¿Será porque es poco esperado que la persona que ejerce todo este mal pueda convertirse en copartícipe de mostrar cómo evitarla a ella misma?

Siempre me ha parecido bueno realizar obras de servicio y encontré hace poco que es una característica más de las actividades que realizan los psicópatas para simular un perfil altruista, lo que me ha llevado a preguntarme, cuál ha sido la verdadera razón por la que las hago. Por momentos me replanteo el origen de las acciones de servicio que me gusta hacer. Hace pocos días estaba conversando con mi hija más pequeña y le dije que me gustaba hacer servicio porque así podía evitar que se me enfriara el corazón, ya que es un tanto notorio ver que se vuelva con los años menos habitual en la gente normal. Esto me llevo a meditar más profundo el por qué lo hago y a replantear la forma en que lo hago. Quería en ese momento encontrar un motivo bueno y no algo que tuviera que ver con el engaño que ejercemos. Para ello uno tiene que remontarse en el pasado para así encontrar los primeros indicios que pueden haber influenciado directamente en esta forma de ser.

Desde joven asistí a un grupo scout donde el concepto del servicio era primordial para poder rendir la conocida "promesa scout" y lograr el crecimiento dentro de esa organización que me sostuvo realmente en una edad difícil. Ese lugar fue mi segundo hogar y por momentos más que eso, porque encontraba mucha contención y apoyo para aprender. Creo que tuve después de todo, la ventaja de estar en lugares que me ayudaron a evitar desviarme y generar más caos del que venía generando.

Si me detengo a pensar demasiado lo que estoy haciendo puede que quizás hasta no desee seguir escribiendo estas palabras, porque estás teniendo la oportunidad de saber lo que hay en el fondo de nuestro comportamiento. Espero poder resistir a esa voz que me dice por momentos: ¡no lo hagas, porque sabrán quién eres realmente! En fin, siempre he promulgado la idea de que me gusta hablar claro y no será esta la ocasión en la que cambie de parecer. En este caso no me voy a detener en analizar el origen de por qué me gusta ser claro en las palabras, no sea que también siga el mismopatrón.

Te pido que tomes una pausa hasta el final y evites censurarme por cómo soy, porque tampoco es fácil para mi lidiar con todo esto y sentarme a escribir para que me conozcas ha llevado mucho tiempo, como quizás te pueda llevar a ti, si encuentras algunos de estos rasgos en tu persona. ¿Qué harías tú si estuvieras en mi lugar? No digo en cuanto a reconocer, sino en darte a conocer cómo realmente eres, a eso me refiero.

No soy una persona emocional, así que tengo que basar mi conducta principalmente en conocimiento y gestión de pensamientos. Mis emociones se basan en actividades que tengan riesgo o un alto nivel de adrenalina, porque es ahí donde logro emocionarme, así también como llegan se van. Cuando veo a personas cercanas ponerse sensibles y derramar lágrimas por algo que recuerdan o dicen, me parece un tanto exagerado llorar por esas razones.

Entonces, he llegado a la conclusión en este tiempo que mayormente hago servicio porque recibí una fuerte instrucción en los scouts en mi adolescencia y luego también abracé una fe religiosa que hace mucho hincapié en todos estos principios, como el del servicio. Ésa es la base de mis buenas acciones y espero seguir mirándolo así y que no sea por querer lograr algún objetivo mezquino y oscuro. Reconozco que en ocasiones me ha movilizado esto último que he mencionado, y he falseado los motivos porque seguía algún interés personal. No voy a entrar en detalles de historias, porque no tengo ganas de contar de esto, ya fue suficiente y me empiezo a sentir que te estoy hablando demasiado.

En fin, muchos son movidos a hacer cosas porque persiguen sus propios intereses y no necesariamente son psicópatas, por motivos mezquinos y no tan altruistas. Eso lo puedo afirmar con mucha seguridad y no creo que puedas refutarme eso, porque sabes que es verdad. Ahora veamos, tú que te haces llamar normal. ¿Escondes en ocasiones, motivos personales cuando haces algo por otra persona?

Para ponerte bien en contexto tengo un ejemplo simple y bien común. Tenemos a las personas que te hacen un favor y al rato te están pidiendo ayuda en lo que sea, o qué después de cierto tiempo te piden algo y lo hacen porque sabes que te sientes comprometido, o incluso, si es necesario te recuerdan que te ayudaron en el pasado. Eso es muy común entre ustedes los normales y no hay forma de negarlo. Me incomoda que juzgues mis intenciones si detrás de tu fachada también hay cierto interés guardado. Si esperas que mis palabras solo hablen de mí, no será así. No te sientas tu ofendido sino es tu caso, sólo que acá estamos hablando con claridad.
¡Espero que puedas aguantar todo lo que tengo para decir!

Día 3

   Estuve escuchando hace una semana atrás, por internet, una entrevista que le hicieron al reconocido Psicólogo Robert Hare (Universidad de Columbia Británica, Canadá) sobre la cantidad aproximada de psicópatas puros que hay en el mundo. Él dice que aproximadamente el uno por ciento (1 %) de la población mundial es psicópata (puro) y rápidamente me puse a calcular ese porcentaje en números reales.
¡La verdad que podríamos formar un país con la cantidad de personas que están en esta situación!, ¡El país de los psicópatas!

Digo padecen, porque quiero parecer un poco víctima de todo esto y no tengo ganas de ser siempre el villano de la película. Aunque en las películas no siempre el villano es quien se dice, pero eso en definitiva es otro tema.

Pero éstos no son todos, como ya se ha mencionado, falta que incluya a los llamamos integrados y esos sí que son más en sus diferentes tipos. De estos no voy a poner números aproximados porque tendríamos que abarcar más grande que un país. Si lo vemos en esta perspectiva se aprecia un número importante según la población total. ¿A quién le importa si son tantos en el globo? "Debería empezar a interesarles por todo lo que ese pequeño número puede hacer y de hecho está haciendo".

Por desgracia las políticas sanitarias en el mundo entero no les advierten debidamente de todos nosotros y si miro las características de ciertas personas de poder podría asegurar sin ser un profesional específico en el tema que, hay más personas psicópatas en estos puestos de poder de las que imaginamos. Solo hay que observar bien por un tiempo, o incluso podrían estar más cerca de ti de lo que crees. Podría ser tu jefe, tu supervisor o hasta el dueño de la empresa en la que trabajas, recuerda que tú también puedes ser quien yo aseguro.

Escuchando esta entrevista de una persona seria que estudia nuestro comportamiento encontré más de mí de lo que esperaba. El primer ejemplo lo puedo ver cuando habla de empatía, esa característica del ser humano necesaria para convivir en sociedad y ponerse en el lugar del otro. Es algo de lo que carezco, por lo menos en lo que respecta a la parte de sentir algo. Trato por lo general de entender y aunque lo hago desde el razonamiento, noto que no puedo desarrollar el componente emocional. Me falta esa parte de sentirme emocionado por algo que le sucede a otro.

Trabajo en salud ya hace más de veinte años y he estado en diferentes partes, desde una terapia hasta un área de internación más simple. He visto mucho sufrimiento en estos años y me pregunté en algún momento sino era esto que me había endurecido el sentir, debido a que cuando estás en este tipo de trabajo tienes que volverte impenetrable para que puedas aguantar el lugar en el que trabajas. Imaginen la cantidad de personas que he visto partir de esta vida.

¡Empatía, empatía, empatía! quien la posea que la disfrute porque es un privilegio que no se da a todos por igual. Solo puedo pensar y desear, aunque no se bien qué es por no tener experiencia. Solo me baso en lo que he estudiado y hablo según el conocimiento que tengo.

Día 4

Voy a hacer un paréntesis para destacar en términos generales las características de los psicópatas y obviamente te voy a decir poco a poco cuáles son las que más me describen en lo personal. No todas son fácilmente visibles, ya que en general nos dedicamos a construir una fachada muy opuesta a lo que te voy a mencionar. De igual manera, con conocimiento y tiempo de observación, claramente saldrá a relucir ese ser oculto detrás de esa linda persona. En el caso de que sea tu pareja o que esté en ese proceso, o quizás alguien cercano, te voy a pedir algo que por lo general es muy difícil, y es que dejes de justificar sus acciones por un tiempo. ¿Cuánto?, no hay un tiempo determinado, pero necesitarás poco para reconocerlos si evitas excusarlo.

Incluso, todo esto es igual para otros tipos de relaciones, amistades, trabajo, etcétera. Sólo toma el conocimiento y has uso de él para entender lo que quizás estás viviendo. Como verás, por momentos hablo más a las posibles víctimas y por otros a los que están dentro de mi mundo. En realidad, todo está dirigido a todos, porque en esto puedes ser cualquiera de ellos.

Recuerda que evitamos como sea posible ser descubiertos y acudimos a cualquier tipo de engaños para lograrlo, porque somos bien conscientes y nuestros movimientos son bien calculados, a menos que nos aburramos después de un tiempo y empecemos a mostrar quienes somos realmente.

Hasta el momento hemos destacado la falta de empatía, el servicio por motivos errados o de doble intención, que en mi caso este último lo defiendo, aunque sea en parte, porque en lo personal me impulsa mucho la disciplina y los principios que recibí de adolescente en los scouts y la iglesia. Por momentos pienso que hay ciertas excepciones y que ésta puede ser una, sobre las verdaderas razones por las que hago servicio. En fin, los que saben y han estudiado mucho estos casos dicen que detrás de estas voluntades hay doble intención. Solo espero poder ser un caso aislado en cuantoa esto, por lo menos.

Siguiendo con nuestras características se puede sumar que somos depredadores sociales, que tenemos incongruencias en el discurso, tanto en las relaciones sociales y de pareja. No nos gusta perder y hacemos que otros paguen los platos rotos, nos hacemos las víctimas, buscamos puestos de poder, somos muy tenaces, dormimos poco en la noche y tenemos baja respuesta emocional. También devaluamos a nuestro entorno(víctima) y nos sobre evaluamos a nosotros mismos (Narcisismo), hay deseos sexuales muy desviados, reducida respuesta de sobresalto (baja actividad en la amígdala), ósea que en esto último no reaccionamos con miedo ante un hecho peligroso o imprevisto. Nos gusta las actividades peligrosas (donde alcanzamos algunas emociones), invadimos tu espacio personal, aura de santidad, tenemos plan de contingencia para cada situación, si hacemos servicio nos encargamos que lo vean muchos o quien nos interese que se entere, pasamos de la ira a la calma en un minuto (en el caso de los psicópatas violentos es común). En el resto y hablando especificamente de los integrados acudimos a esto sólo cuando se ve amenazado nuestro predominio.

Sigamos porque hay más y esto se pone más intenso. Tells (placer del engaño) engañan a su pareja casi al frente de ella cuando pueden, destellos de desprecio, baja capacidad de olfato (no es general), su discurso está lleno de falta de fluidez. No confundas esta última con incongruencia porque son diferencias. No pueden describir una emoción de forma profunda, como por ejemplo el miedo o el amor. Extrañamente tranquilos (rara vez se sienten nerviosos).

Falso altruista que dona o sirve a los centros de caridad, ONG, etcétera. De este último compartí mi apreciación personal más arriba. discurso prolifero (soliloquio), poco olor corporal, esto último no es mi caso, jaja. Al contrario, podría decir que soy peligroso por los olores que genero sino me baño seguido. ¡Espero que no te disguste mi humor, después de todo soy muy agradable cuando me es necesario! A demás me gustaría mencionar de forma personal que me considero una persona inteligente, no para hacer precisamente alarde de esto, sino como otra característica que se puede dar en este tipo de personas como yo.

Para seguir mencionando podemos decir que son capaces de engañar a un profesional de la salud (psicólogo/a) en interacciones cortas. Esto dicho por el propio Hare en esta entrevista que dio y admitiendo que incluso a ellos se le dificulta poder descubrirlos en la primera ocasión.

Estas son algunas de las características de los psicópatas con las que en algunas en particular me siento muy identificado. ¿Con cuál te sientes tú?

Este es un momento muy personal en que puedes identificar, en términos generales, lo que se destaca de ti, e incluso empezar a encontrar otras que no te dabas cuenta, ya sea en ti o en otros, o por qué no, en ambos lados.

Después de todo, este es el propósito de todo lo que estamos viendo. Ya me siento cansado de hacer esto así que seguiré en otro momento. Te dejo para que pienses antes que volvamos a nuestra escena habitual. ¡Espero que para cuando retorne ya sepas bien en qué lado estás de la historia! De todos modos recién empezamos con esta charla y falta mucho por decir.

Día 5

Pensé que no iba a escribir hoy, ni siquiera a última hora ya que no me he visto dispuesto, aunque para mí la noche recién comienza. Hay días en los que quisiera tener ordenado tanto el día como la noche, pero es algo que escapa directamente de mis manos porque no puedo regular el ritmo de sueño. En algunas ocasiones me han recomendado tomar algún inductor del sueño, pero no he querido hacerlo, ya que no me agrada la idea. Son ya pasada las doce y estoy como si recién empezara la jornada, aunque eso por lo general es normal. Por lo general duermo cuatro horas por día, ese es mi promedio, aunque de vez en cuando duermo un poco más y otros días mucho menos. Sí, hay noches que paso con dos horas y luego ando como si hubiera dormido todo.

Algo que noto en este tiempo de escribirte es que, a medida que me dispongo a que me conozcas, más puedes conocerte a ti mismo. ¿Con qué frecuencia tratas de conocerte? ¿Lo has visto desde este plano alguna vez? ¡Espero que lo aproveches!

¡Qué buena frase!, esta última que dije, suena a que me interesa tu bienestar, aunque a decir verdad no estoy así tan seguido, pero eso ya lo dejé en claro.

Estoy viendo últimamente más inestabilidad en algunas de mis conductas durante el día y eso me lleva a pensar en cómo puedo hacer para controlar este tipo de situaciones. Aunque en otras estoy súper bien (pienso), en estas me arriesgo por momentos más de la cuenta. Tomar riesgos es siempre más interesante y es por eso qué me estoy atreviendo a más últimamente. ¿En qué va a terminar? No sé, pero quiero averiguarlo y voy haciendo cosas que antes no hacía.

Veo que me trabé y no sirve de mucho estar frente a una computadora y esperar que vengan las ideas. Tengo la televisión prendida y me distraigo por momentos viendo una película. Creo que me voy a poner a verla porque es de acción y a mí me fascina este tipo de películas. Hasta acá llego por hoy, de paso voy a entrar a mis redes sociales para ver qué encuentro. Ja ja

Soy una mezcla de bien y mal al mismo tiempo, es parte de mi esencia, parece ser que no puedo evitarlo porque encima me parece interesante ser parte de ambas. No es que quiera influenciar en tus pensamientos, pero mientras me guste a mí, cada uno elige su forma de ser. Después de todo, dicen que tenemos un poco de las dos, sólo que pasamos mucho tiempo luchando para reprimirla y decir que somos buenos.
Declarar que ambos lados son necesarios quizás pueda ser tomado como algo repulsivo, pero si voy a ser honesto tengo que decirte lo que pienso, por lo menos lo que quiera que sepas de mí. Esto me lleva a pensar que normalmente no somos tan honestos como decimos. ¿Cuántas veces les deseas a alguien que le vaya mal? O lo voy a decir de otra manera para que no te ofendas, porque seguramente no le deseas el mal a nadie. ¿Cuántas veces no le deseas el bien a alguien?

¿Te molesta que sea tan claro con lo que digo? Espero que no, aunque en lo personal no tengo tabúes de expresar lo que realmente pienso, no lo puedo hacer con cualquier persona. Para poder comprender creo que debes salir de tu encuadre en el que estás, porque es la única forma de entender.

Voy a usar la frase popular que se ha puesto de moda ya hace un tiempo, "sal de tu zona de confort" para entendernos a todos los que piensan como yo. Me parece muy útil, aunque no lo creas.

Día 6

Lo que dije anteriormente sobre la noche es porque tengo trastorno del ritmo circadiano. ¿Qué es?, básicamente es la alteración del reloj biológico de nuestro cuerpo, que provoca que duerma poco y por lo general fuera del horario habitual, además he contribuido por años para que esto suceda, ya que he trabajado en muchos lugares de noche y de día al mismo tiempo. Bueno, después de más de veinte años de servicio qué se puede esperar. A demás te puedo contar una intimidad y es que me aburro de trabajar en el mismo lugar por mucho tiempo, por eso que generalmente no duro demasiado tiempo. Ahora que lo pienso bien llevo tres años en este de ahora. Es el que más que he durado en tantos años de profesión, con razón ya estoy cansado de todos estos personajes que me rodean. Lo bueno es que me cambiaron de área dentro del mismo lugar y en cierta manera me renovó las ganas.

Quiero pensar que soy dos personas al mismo tiempo, en las que por momentos una despierta y actúa, y la otra calla y duerme. Sería más fácil pensar que es así, porque creo que podría vencerla y hacer que la que te habla ahora predomine, pero no soy eso que digo, soy uno solo, uno que desea hacerte lo peor la mayoría del tiempo, aprovechándome por completo de ti. Aunque en otros momentos me manejo de mejores formas, lo estoy logrando levemente porque lo vengo auto tratando ya hace años, y hay días que pareciera que todo está bien para conmigo mismo. Esa parte que decide lo que todos sabemos, incluso en este momento puedo sentir que está reducido gracias a mucha voluntad. Hoy es un día en el que quisiera no escuchar y terminar el día sin hacer cosas raras. Mientras escribo he puesto ya hace más de una hora música de agua y noto que levemente me baja la guardia. No sabría decir si eso es estar sensible, porque hay algo que naturalmente me contrarresta a no dejar que me sienta emocional. Sería interesante solo saber que se siente ponerse sensible de formaplena.

Hay días y en lo personal me ocurre más de noche, en el que predomina esa parte que quiere engañar y mentir, esa que piensa de otra forma y que está buscando su presa por las redes o por el medio que sea, incluso en el trabajo estoy atento esperando mí oportunidad. Ese que sabe encantar y acomodar las cosas según se den, aunque la mayoría de las veces sucede de noche no estoy libre que actúe de día, porque ocurre muchas veces.

Quizás, estés igual que yo en cuanto a esto porque por momentos quiero cosas, diría normales, y en otras soy totalmente lo opuesto, aunque para Frodo son normales. Lo describo como otro ser en mí, porque de alguna manera quiero que sea así, aunque tengo que aceptar que es parte de mi persona. Debería buscar ayuda profesional para estar bajo la supervisión de alguien que me pueda asesorar más de lo que yo puedo, en los momentos en lo que me siento según yo, normal.

¿Qué es ser normal?

¿Una persona tranquila, que cumple las reglas, o alguien que se sujeta a un sistema? o ¿Todas? ¿Alguien que no saca provecho del otro? ¿O alguien que sujeta las partes malas naturales del ser humano? Si es por esto último, entonces todas las personas, aunque no sean Frodo pueden y tienen que sujetarse en ciertas conductas para ser consideradas normales.

Como sea, ojalá que hoy se destaque en mi esa parte que desea estar tranquilo y que no busca generar daño alguno. El día recién comienza, es toda una aventura y desafío para mí, son las 7:20 a.m. y ya voy a comenzar con mis actividades. Intentaré no engañar o mentir naturalmente y como sea, espero volver contigo para que podamosseguir.

Día 7

Ayer fue muy productivo, según Frodo, me pasé hablando con tres mujeres al mismo tiempo por las redes, charlando con cada una de distintas maneras, con comentarios bien sutiles. Una de ellas me sigue escribiendo hoy mientras trabajo. Debe ser que quedó muy entusiasmada, por lo que sigue conversando casi sin parar desde ayer.

¿Cómo las elijo en las redes? El sistema hace un gran trabajo por mí, me agiliza la tarea y me ahorra mucho tiempo, observo el perfil de una mujer con ciertas características, el mismo sistema me sugiere nuevas personas con datos similares. Entonces primero miro en sus perfiles y saco un promedio de interés que tienen cada una. Tengo mi propia escala de medidas para saber qué tanto quieren conocer a alguien. Es lo que hago antes de invitar a alguna de estas a ser amigas por las redes. Veo su muro y miro si son casadas, separadas o divorciadas. Me fijo como visten, cuántas fotos tienen de sí mismas y que tipo, en qué trabajan y todo dato importante como por ejemplo si realizan alguna actividad deportiva o de otra índole. Todo eso me acelera el camino mucho más y me doy cuenta si van a enganchar, porque es claro si te responden de entrada. Aunque algunas sean casadas no quita que tengan ganas de tener nuevas emociones, aunque no lo expresen abiertamente y ahí estoy yo para averiguarlo.

Con las solteras o separadas es más fácil porque generalmente ponen que están interesadas en hombres. Las redes son la mejor forma de entusiasmar a alguien para que pueda tener interés en seguir conversando, si en definitiva el secreto es impresionar con ciertos detalles, como que tienes una vida distinta a la común de la mayoría. Publico estados en los que estoy escalando, andando en motocross, inclusive corriendo. Eso gusta mucho a las mujeres, ver un hombre con buen estado físico y que cuida su apariencia personal. La ropa es clave, si haces deporte asegúrate que tu ropa se vea moderna y nueva, un tanto al cuerpo, pero no demasiado. Que se note que estás bien marcado, porque por lo general las mujeres tienen la fantasía de estar con un tipo musculoso y atractivo. Voy regularmente tres veces a la semana al gimnasio para poder mantenerme bien y soy muy metódico en la alimentación. En eso no soy el único porque mucha gente finge en las redes y muestra algo que realmente no siempre es. Básicamente, es el mejor lugar para enganchar a mis trofeos. Jajaja

Normalmente las separadas o divorciadas responden más, como dije antes y debe ser porque por lo general están más necesitadas, debido a que en la mayoría de los casos han tenido experiencias desagradables en sus parejas. Son más predispuestas a responder y la mayoría de las veces ponen si tienen interés en hombres. No voy directo porque sé que no conversarán mucho, en cambio sí escribo algo que esté relacionado a su muro o lo que yo vea que les puede interesar es muy probable que gane su interés y luego como un amigo me voy acercando despacio en cada ocasión que tenga. Aunque hay excepciones al asunto y ya me pasó que no tuve que hacer mucho con algunas. Ellas hicieron todo, yo solo esperar a que mordieran la carnada.

Algo parecido hago en el trabajo con mis compañeros para caer bien, les observo a cada uno, tanto hombres como mujeres, para saber cómo son y que puedo sacarles de mi interés. Quizás dinero, o que me presten algo que necesite en el momento. La última vez que pedí prestado dinero dije que me habían robado en la calle, e incluso que me habían golpeado y se compadecieron de mí. Mi compañero me dijo que no me hiciera problemas y que me tomara mi tiempo para devolvérselo. De esto ya hace más de un año, así que es probable que ya sea tiempo para hacerlo de nuevo.

Quisiera decir que tengo vergüenza, pero la verdad es que no me molesta lo que les hago y hay días como hoy que lo puedo frenar un poco, pero hay otros que no porque me importa poco. Sea quien sea. en ningún caso me aflige o lo que fuere que se siente cuando haces algo que está mal supuestamente. Me parece que los que sienten cargo de conciencia se castigan mentalmente mucho y no es para tanto, por lo menos desde mi punto de vista.

En fin, sigo tratando de encontrar formas de controlarlo, pero son pocas las veces que estoy como hoy y que no me llama la atención. Estaba pensando poner carteles en casa, en diferentes lugares con mensajes claros y directos para ver si sirven de algo.
¡Quizás poner más seguido, música de agua!

Cuando vuelva les cuento cómo me fue y espero hacerlo pronto, porque de la última vez pasaron dos semanas. Me sabe ocurrir que hay semanas enteras en las que no deseo escribir o hacer mis actividades hogareñas, ya saben, esas que hacemos los hombres, como mantenimiento de la casa y otros. Solo me dedico a mirar películas y documentales, pero de temas que realmente sean interesantes. Después me agarra como si fuera un cargo de culpa porque veo que no he avanzado en mis actividades y empiezo a querer recuperar el tiempo. Creo que traigo esta prima de no desperdiciarlo y cuando lo hago después tengo que poner doble empeño, porque me persigue el pensamiento de que literalmente perdí tiempo valioso. He venido haciendo eso hace aproximadamente dos años porque quiero sacar la idea de que, si no estoy ocupado en algo productivo, estoy desperdiciando tiempo valioso. De igual manera seguiré hasta que lo logre.

Algo que si erradiqué de mí es el de ir contando las baldosas al caminar por las veredas. Leí por ahí que hacerlo muestra que eres obsesivo y por alguna razón que aun no entiendo pude sacarlo sin problemas. El otro rasgo que guardo es el de remarcar las palabras al escribirlas, ese aún no me lo saco por completo y trato casi a diario de evitarlo. Por lo menos para que los que trabajan conmigo no se den cuenta que soy bastante obsesivo. Quizás es muy trivial para ti lo que digo, pero para mí es muy importante y parte de lo que estoy haciendo para que me conozcas. Lo que sí, no voy a estar cada momento diciéndote, que lo que hago es para que puedas entenderme.

Día 8

La verdad que encuentro cierto gusto diciéndote cómo encontrarme o cómo descubrir que hablamos de ti también. Qué triste darte cuenta que, en cierta manera, eres parecido a mí. Bueno, digo triste porque es muy popular esa frase y me hace parecer más empático contigo. Es extraño, que con ciertas frases o palabras puedes disimular un sentimiento, aunque no lo tengas.

Esto que voy a decir me llevó tiempo entenderlo y reconocerlo, pero creo que soy lo que llaman una persona frustrada, o por lo menos así lo describen los que saben del tema y estudian nuestro día a día. Creo que me frustra no poder andar libremente haciendo de las mías, porque según yo, no hay culpa ni castigo si no se puede sentir que algo está mal. Ahora, según las reglas que otros escribieron, hay pena y castigo si se puede diferenciar.

En fin, por lo general me importa poco lo que piensen de mí y quiero que sepan que no me interesa si a alguien le molesta lo que pienso, estoy en un país libre de pensamiento. No quiero parecer tan despectivo, solo quiero decir que no me afecta si alguien piensa distinto a mí, y tampoco quiero parecer mal educado, porque educación ante todo. Cuando era mucho más joven si me preocupaba, creo, o por lo menos eso parecía en ese tiempo.

Mencioné antes que había escuchado en una entrevista a un psicólogo hablar de los que se parecen a mí y dice que nuestra influencia alcanza a mucha más gente. Algo así como el quince por ciento de la población mundial. Se ve que algunos realmente están observándonos y estudiándonos para curarnos, o por lo menos lo que más he escuchado destacar es que enseñan cómo prevenirse o librarse de nuestra influencia. Escuché que no hay algo para tratar esa falta de empatía que nos sale tan natural, esa falta de conciencia de que hacemos mal. Por momentos es como si fuera un pequeño destello de querer sentir, pero dura muy poco, como si pudiera activar o desactivar esa parte.

Espero que nos podamos entender mejor y que hagas también un esfuerzo aún mayor por comprender lo que digo. Por supuesto que no estás obligado a justificarme, pero ya que nos estamos conociendo sería bueno. Me pregunto, qué pensarás cuando leas mis palabras.

Día 9

Leí también que podemos tener tendencia a tener deseos sexuales un tanto retorcidos y sin entrar en detalles, es cierto, por lo menos en mí caso. Para que sepas, me gusta mucho leer y en especial en estos últimos años ha sido de gran ayuda. Creo que me ha beneficiado bastante, porque tengo mis pensamientos más enfocados u ordenados, podría decir. ¡Lástima que ya es tarde para ciertas cosas que se desordenaron en mi vida! Noto la diferencia, ya que como también escribo, parece que de forma inconsciente mis pensamientos están más ordenados, si podemos llamarle de alguna forma. Leer te puede traer ventajas y también lo contrario, porque tienes que decidir qué vas a hacer con el conocimiento que adquieres. No se puede solamente acumular ideas y conceptos y vivir como si nunca los hubieras adquirido.
Ahí está el principio, qué vas a hacer con lo que sabes. Lo usarás o harás caso omiso a lo que tienes. Si lo que aprendes es correcto o incorrecto no voy a entrar a clasificarlo precisamente yo, que tengo unas ideas personales que el común de la gente no comparte, es por ello que en general digo de primera mano lo que la gente común quiere escuchar. Es como cuando adquieres un compromiso, tal es con la adquisición del conocimiento. Esto me lleva a hacerte desde ya la siguiente pregunta y creo que será la más importante de todas, por lo menos hasta el momento. ¿Qué harás después de leer estas palabras? ¿Seguirás igual? Esto que digo se aplica tanto a alguien de los míos, como a alguien que quiere entender cómo salir de la telaraña en la que está.
¿Qué harás tú, familiar o amigo de la siguiente víctima, para ayudarle a salir? En

ningún momento pienso que estas palabras solo sirvan para entender lo que pensamos, sino qué propósito tiene escribir sobre esto y que quede dentro de un libro. Tu vida no será la misma después de aprender y pensar en lo que lees. ¡Ya no puedes ser el mismo, hay un antes y un después de esto!

Volviendo al principio un poco, con respecto a esta lluvia de pensamientos sexuales, no es que pueda dominarlos, porque saben venir como un torrente de ideas. Después de todo, los que dicen ser normales habrán tenido alguna vez este tipo de pensamientos. ¡No creo que sean tan tranquilos los que tienen un sano juicio!, ¿o sí?

No hablaré más de esto así que demasiado sabes de lo que pensamos, si puedes diferenciar que lo que nos sucede no es normal para otros.

Ojalá que aprendas a manejarlos para que no entres en problemas y quizás puedas tener una relación sana con tu pareja si la tienes, porque sé que puede afectarlos. En mi caso me trajo muchos problemas, debido a que he pasado por épocas donde me dejaba llevar por ideas raras y afectó mucho en la pareja que tenía.

Día 10

En un entorno laboral de mi clase (salud), alguien como yo pasa casi desapercibido, debido a que es común ver compañeros con comportamientos extraños como los míos, que en el común general del trabajo son un tanto normales. Creo que por eso paso bastante por alto, ya que algunos se parecen a mi y otros tienen otras formas de conducta. No podría reconocer bien a estos otros porque no me compete, pero lo que sí sé es que están un tanto diferentes varios de ellos a lo que charlamos aquí.

De todos modos, no veo un interés sincero de que el personal en general se mantenga en buen estado de salud mental, mientras hagan la tarea que les corresponde.
Cualquiera pensaría que en un entorno como el mío el cuidado de la salud sería un elemento primario, pero no pasa precisamente eso. Pese a que es un tanto contradictorio lo que digo, es real, sólo se resuelven situaciones cuando se manifiestan abiertamente y se salen de control, como hace dos años atrás con un médico joven, que se dedicaba a romper las casas que usamos de base. Se sabía desde todos los niveles de la empresa la situación de este profesional y solo cuando fue relevante se optó por hacer algo para resolverlo. Como rompió propiedad de la empresa fue muy evidente y lo que hicieron por supuesto fue echarlo del trabajo. ¿Qué esperaban que dijera? ¿Que siguió trabajando? Pregunto, porque quizás alguno de ustedes tuvo la ilusión de que seguiría en el trabajo, por lo menos en lo privado se resuelve así.

Día 11

Por un tiempo me quise apartar de la salud e intenté trabajar en distintos rubros, ya buscaba obtener mayor recompensa económica. Creo que esa parte no debe faltar cuando haces algo que te gusta, pero resulta que no podía generar el dinero suficiente para vivir cómodo sin tener que trabajar en exceso de forma permanente. En los primeros años antepones tu vocación por encima de todo, luego de un tiempo empiezas a cambiar y aún más cuando aprendes a hacer bien tu trabajo, después te quieres ver bien recompensado y que sea en proporción a tu experiencia. Por lo menos es lo que me motivó a querer alejarme y fui en busca de lo que me diera más libertad laboral. Fui probando otros tipos de trabajos hasta que llegué al rubro de comercio, que fue en donde avancé mucho más rápido y estuve aproximadamente dos años. Un día me encontré dirigiendo una gerencia local de un rubro de uso general. ¿Cuántos amigos conocen que hayan logrado la gerencia de una empresa nacional con lazos de ventas en países limítrofes en tan solo nueve meses? ¡Tu amigo Frodo sí lo hizo!

Es un tanto atípico este tipo de situaciones y aún menos si esto se da subiendo desde el puesto más bajo de la empresa, sumado a que en oposición también había personas mejor capacitadas para esa posición, por la experiencia y el tiempo que tenían ahí.

Desde un principio quise y supe que iba a crecer rápido en ese lugar y en el fondo tenía una clara intención de escalar rápido. ¡Vaya que lo hice!

Había entendido rápido con quién tenía que destacar y cuando la pirámide de posicionamiento es corta, las posibilidades aumentan, por lo que no puedes perder ninguna ocasión que se te presente para destacar y mostrar que tú eres el mejor. ¡Sí! Aunque haya otros preparados yo me considero el mejor, porque estoy dispuesto a todo, cosa que a otros le falta esa parte. Estar dispuesto a tomar riesgos o acciones relevantes no es común a las personas en general, porque no todos lo pueden hacer.
¿Sino por qué creen que no cualquiera podría ser un CEO en una empresa?, generalmente se busca a personas que tengan un equilibrio un tanto atípico entre carisma y que al mismo tiempo puedan ejecutar ordenes frías sobre la empresa. Un ejemplo simple y común que se está dando en estos años es la reducción inminente de personal gracias a la famosa revolución industrial que se está dando en estos tiempos y está claro que por etapas hay que dejar a decenas de personas sin empleos para adaptarse a esta nueva era, donde cada vez más las máquinas están reemplazando al hombre. ¿Quienes creen que llevan a efecto estos despidos masivos? Tanto los empresarios o inversores de empresas, como los que ejecutan sus órdenes no les altera el ritmo cardíaco al momento de generan cambios que modifiquen repentinamente la vida de otros. Aquí es muy oportuno ese ejemplo tan famoso que dice que es La Ley del más Fuerte. Hace unos años atrás pude ver de cerca la reducción de personal de una empresa en donde contaba con una nómina de empleados de doscientas personas. Obviamente ellos, los de arriba de esa empresa, sabían lo que iban a hacer posterior a traer unas máquinas que reemplazaban la mano de obra humana. Entonces con esa sola acción despidieron a cincuenta empleados y como sabrán detrás de una persona hay una familia. Esto por supuesto no comienza desde una empresa mediana que tiene una nómina de empleados de este tipo, porque esta

tendencia se está dando a nivel mundial y sigue en aumento. Son pocos los rubros donde va en aumento, por lo menos por ahora. En fin, esto da para hablar de muchas otras cosas, pero volvamos al tema porque ya quedó más que claro que no todos pueden ejecutar acciones de este tipo dentro de una empresa, aunque sean profesionalmente aptos. Se necesita de ciertos rasgos que no son común a todos y el primero de ellos es la capacidad de llevar adelante decisiones que no cualquiera puede ejecutar. Con eso ya tenemos una característica que no se da a todos por igual.

Volvamos a mi historia que está más interesante, aunque pronto supe al llegar a esa posición que quería más, y aunque tenía personal a cargo y ganaba como gerente sabía que había una mejor posibilidad y me decidí ir más arriba, a la punta donde la posición era inmediata al dueño de la empresa y los beneficios bien abundantes. Ese lugar es conocido como supervisor regional, y está directo por arriba del que yo estaba, que era gerente de sucursal.

Para llegar ahí tenía dos caminos, o promoverme yo mismo con el dueño de la empresa cuando viniera a conocer su nueva sucursal, en donde yo me desempeñaba, o hablar con mi supervisor regional para que le hiciera llegar mis intenciones al empresario dueño. Viendo que este hombre no aparecía después de nueve meses de haber abierto su nuevo negocio me decidí por la segunda opción. Ese fue mi error más grande en ese momento, porque luego de hablar con el regional, vino la tan esperada visita de este señor. Ese mismo día me reincorporaba después de unas merecidas vacaciones que había tenido en los últimos quince días.

Allí estábamos los tres a las ocho de la mañana revisando la distribución y disposición de productos en las distintas góndolas. No había visto antes a este hombre tan enojado con la ubicación de productos. Mi supervisor regional se había encargado de hacer cambios importantes en la sucursal y la verdad que hasta yo me preocupé por estas modificaciones. En el primer intercambio cruzado de palabras observé que mi supervisor me pedía auxilio con gestos leves cuando se giraba el dueño. Pensé en ese momento, ¡ésta es mi oportunidad de hacerme notar, que se arregle solo! Me libré de toda responsabilidad de lo que sucedía escudándome que, había vuelto ese día de vacaciones y que yo no había autorizado esos cambios. Le dejé bien en claro que no estaba de acuerdo con lo que había pasado, sin importar las consecuencias. El ambiente se puso muy tenso cuando se lo llevaron afuera de la sucursal y se veía a través de la vidriera cómo le llamaban la atención.

Pero las consecuencias vinieron al poco tiempo de parte de mi supervisor, lo que me había desprendido de toda responsabilidad. Era de esperarse, por más que le dijera que quería llegar a su posición en otra provincia, que tuviera la reacción que tuvo, ¡despido inmediato! Lo había dejado solo con ese problema y no me lo iba a disculpar.

Había encontrado arriba mío a uno igual o peor que yo, y me agarró desprevenido porque si no, le hubiera dado de forma aguerrida.

Pese a que generalmente mido todos los riesgos al llevar a cabo mis movimientos, ese fue un error fatal. Pero soldado que sale herido aún puede pelear en otra guerra, esta es mi nueva frase. Reconozco que no me agrada perder, pero a veces a nosotros también nos toca. Si vuelvo a estar en otra posición similar seré implacable, cueste lo que cueste y no voy a cometer el mismo error y perder tan fácil.

Día 12

No me confundas con un sociópata porque, aunque tenemos varios rasgos en común hay otros que nos distinguen claramente. Tanto un sociópata y un psicópata se pueden detectar en una edad joven, porque se sabe que sus rasgos empiezan a aparecer antes de la adolescencia y esa es una ventaja en tu favor, o mejor dicho en favor de los que nos rodean para identificarnos. Observando mi juventud, puedo reconocer conductas que mostraban que iba camino a ser lo que hoy en día soy.

Por supuesto que esto que digo también sirve para que los adultos en general puedan prestar atención a sus hijos, teniendo en cuenta la posibilidad de este tipo de comportamiento. No desestimen las conductas poco comunes en los jóvenes que puedan mostrar que, hay algo que busca manifestarse y que por lo general es progresivo. La negación o justificación de los padres puede ser un factor contraproducente. Dejen a un lado los obstáculos que puedan evitar conducirlos a mas temprana edad este a tipo de trastornos de la personalidad. El concepto de psicopatía infanto-juvenil ya no es tan resistido por los profesionales actuales y está siendo cada vez más estudiado. Por ser un personal de salud conozco que hay programas de intervención orientados a la prevención y tratamientos de jóvenes con problemas de adaptación social. Aunque esto es muy amplio y los padres que se interesen pueden encontrar mucho sobre esto. Si no saben cómo, comiencen con internet para saber hacia dónde ir. Creo que hubiera sido genial que en mi juventud se hablara más de esto, pero no sucedió y ahora trataré de hacer lo mejor que pueda ya a esta edad.

Cómo es probable que te encuentres varios de nosotros en algún momento de tu vida, lo mejor es volverte bueno reconociéndolos, así evitarás que te engañemos e incluso puedes tomar este conocimiento para poder detectar en ti si fuere el caso, estos rasgos.

Recordemos lo que es común en ambos para poder diferenciarlos después:

Aquí no hablaré en primera persona por una simple razón, no me voy a hacer cargo de todo, porque no creas que tengo todos los rasgos, si bastantes, pero no todos. Aunque no es precisamente necesario tenerlos a todos.

Los dos (psicopatía / sociopatía) son trastornos antisociales de la personalidad, tienen un nivel de desprecio por los demás, engañan, mienten y manipulan para lograr sus objetivos. Acabemos con una creencia común y es que ambos, no son precisamente violentos, aunque pueden ser propensos a la agresividad. Ya mencionamos esto más al principio, pero no quita que queramos enfatizarlo un par de veces. Regularmente si transgreden la ley no sienten remordimiento o culpa. No son dignos de tanta confianza, ten cuidado. Pensándolo ahora mismo, debe ser un tanto raro para cualquiera escuchar que te declaren una verdad y que al mismo tiempo te digan, no confíes tanto en mí, pero es lo que hay. Creo que nosotros dentro de lo que se puede, podemos manifestar estos trastornos desde nuestra posición también. Ojalá qua otros se animen a contar su experiencia desde su posición dentro de lo razonable y que lo manifiesten desde la mejor forma, porque el solo hecho de cargar con la responsabilidad es un tanto anormal que un depredador, que es considerado lo peor de todo, hable y te explique cosas referentes a esto.

Para poder definir a una persona con alguno de estos trastornos hay que encontrar en ellos varios rasgos asociados entre sí para poder identificarlos. Eso puede llevar más de una observación aislada, porque incluso podemos disimular bien lo que llevamos con nosotros.

¿Qué tienen de diferentes entre sí?

Vamos a ponerles un color a cada uno para no repetir tanto la misma palabra porque me pone de malas decirlo todo el tiempo.

Los psicópatas serán los verdes y los sociópatas los azules. En los primeros se cree que nacemos con esta característica y en los segundos se desarrollan debido al entorno, por supuesto que en estos últimos también hay un componente genético. Los verdes que son integrados por lo general logran organizar una familia, se muestran estables y logran tener relaciones amorosas que parecen normales. Son bien cerebrales calculando sus crueldades, calculando más de un plan en el caso que delincan.

Los azules por lo general han vivido en entornos familiares de violencia física y emocional. Son mucho más impulsivos que los verdes integrados y por lo general no logran prolongar en el tiempo los trabajos. Los azules al contrario de los verdes también planifican mucho menos sus delitos y estallan de forma violenta más fácilmente, lo que hace que se evidencien más todavía y por ende sean más fáciles de atrapar. Los verdes se pueden disociar de los conflictos de forma más rápido. Los azules tienen menos en cuenta las consecuencias de sus acciones.

Hasta aquí ya hemos marcado varios puntos que se diferencian en ambos y que más fácilmente se pueden observar. Es más amplio, pero llegaré hasta aquí.

Día 13

  Esto que voy a contar es muy delicado y sé que puede tener un fuerte impacto si lo lee alguien de sentimientos delicados, pero es necesario para mostrar lo que podemos llegar a hacer. (Incluso esta lectura no es para niños)

Recuerdo el día que seguí a mi vecina Lucrecia cuando yo tenía tan solo 10 años y la miraba de atrás porque estaba muy enamorado de ella. Ella era mamá de dos pequeñitos y me encantaba verla salir a la vereda para lo que fuere. Tenía el pelo rizado y de color castaño claro. Altura promedio y un cuerpo con unas curvas hermosas; aunque de la forma en que la viera me gustaba. Sé que estos amores de infancia les ocurren a muchos, aunque el mío fue uno de una manera un tanto atípica.

Por lo general pasábamos muchas horas del día jugando en la calle, en el barrio en el que éramos pocos y nos conocíamos mucho. De su esposo no recuerdo ningún rasgo puntual, debe ser que lo tenía anulado porque no me interesaba en absoluto su persona. Es más, creo que dentro de mis pensamientos lo veía como un obstáculo.

Una mañana salió caminando sola, rumbo al supermercado, y yo sin pensarlo demasiado y estando solo empecé a caminar a distancia de ella. La seguí durante varias cuadras y lo único que recuerdo de ese momento, después que ya han pasado más de treinta años, es que no podía dejar de verla de espaldas. Me encantaba verla cuando se ponía calzas y remeras un tanto al cuerpo. También recuerdo que yo llevaba una pelota, la que rebotaba con el suelo y volvía a levantar a medida que avanzaba.
Era según yo, una forma de disimular lo que estaba haciendo realmente.

Llegó un momento en el que me detuve y sin recordar aún por qué, frené la marcha y me volví. Han pasado los años y este recuerdo retornó a mi revisando mi vida en lo personal. Creo que en la búsqueda de descubrir cuando empecé con estas conductas extrañas, encontré ésta entre varias que salen de lo común.

No lo hice más a esto de seguir a una mujer, pero lo he imaginado un par de veces cuando me llamaba mucho la atención alguien. Creo que, así como pasó esto en más de una ocasión, pasa y pasará a distintas personas porque este rasgo obsesivo es común en nosotros, o por lo menos en muchos como tú y yo.

Revisando mis recuerdos vino a mi mente el día de justicia, así lo llamé porque en esa ocasión hicimos justicia por la abuela de uno de nuestros amigos del barrio. Vino un día José y nos contó que su abuela vivía en una pensión muy cercana a la zona en dónde vivíamos todos y que la mujer que le alquilaba la trataba muy mal. Recuerdo poco el rostro de su abuela, pero si lo que hicimos con este grupo de amigos. Imaginen quién maquinó el plan de justicia y quién agitó las mentes de este equipo para que se animaran a llevarlo a acabo.

Empezamos a distancia de cincuenta metros aproximadamente a tirar piedras con nuestras gomeras. Todas en dirección a la casa de esta mujer mala, que no tardó en gritar muchas veces desde adentro de su casa. Era una lluvia de piedras que caían en su techo y en el frente. No conforme con esto nos empezamos a acercar más y más para darle con fuerza, hasta el punto tal de que en un momento me encontré tirando con las manos, a muy poca distancia, ladrillos que encontrábamos en la vereda. Del otro lado de la calle. Sigan imaginando quien lideraba la misión y promovía que estuviéramos a tan corta distancia. Esto dejó de ocurrir sólo cuando vimos después de mucho tiempo que se acercaba un móvil policial, lo que resultó en dispersión inmediata. Nunca nos agarraron y la venganza según nosotros se llevó a cabo.

¿Cosa de niños? No lo creo, fue más que eso, pero si quieren pensar que fue así no se los voy a impedir. Después de todo tengo la ventaja de que era chico y me pueden justificar si quieren.

Ahora al mirarlo desde una edad adulta me doy cuenta qué, esos rasgos vienen desde bien pequeño, solo que en esa época se hablaba muy poco de estos temas. Habitualmente se lo llamaba travesuras de niños y se solucionaba todo con un buen castigo.

Si sigo pensando recuerdo cuando tuve la genial idea según yo, de prender fuego en el centro de un galpón que mi padre usaba de taller para fabricar cajones para producción avícola. El lugar tenía tantas maderas sobre la línea de las paredes que si se hubieran prendido fuego hubiera sido un verdadero desastre. Hice un circulo de fuego en el centro del galpón con un líquido solvente que usaba mí padre para los cajones y me puse a bailar la danza de los aborígenes, saltando de un lado al otro. Cuando se llenaba mucho de humo abría el portón principal y dejaba que se disipara el humo. Un tanto extraño, pero lo hacía y con el tiempo te das cuenta que en general tus amigos no hacen este tipo de cosas, por lo menos no los míos. Ni mencionar en detalles que me gustaba torturar con fuego a todo bicho que encontrara, como por ejemplo ratas y otros. A defensa mía puedo decir que siempre quise a los perros y desde pequeño siempre tuvimos alguno en casa. Lo que si he notado es que por lo general rápidamente hacía el duelo cuando se morían y que viniera el siguiente.

Con todos estos ejemplos que he mencionado y que son suficientes por ahora pueden entender mejor desde donde viene, a temprana edad, este tipo de conductas que tengo en la actualidad. Por supuesto que algo que no he dicho sobre todas estas historias es que no tengo remordimiento de ellas. Nunca sentí una plena culpa de estas experiencias de la infancia, porque es como que puedo racionar lo que siento y la tendencia es a minimizar las emociones. Como si se me fuera muy simple activar o desactivar lo que siento, que lo más común tiende a ser desactivar.

Algo que se puede dar a confusión es el hecho de que no siento absolutamente nada de emociones. En cierta manera siento, pero de alguna manera he desarrollado la capacidad de desactivarlas de forma muy sencilla y rápida. Esto da como resultado que cuando se presenta una situación común donde sea lógico y natural emocionarse yo me bloquee rápidamente. Es como si prefiriera no sentir absolutamente nada desde ese aspecto y solo manejara las distintas situaciones desde lo racional. Aún no he llegado a encontrar específicamente la razón por la que tomo esa rápida postura y no tengo ganas de ver en este momento si corresponde a algo que viene desde temprana edad, pero me sale natural hacerlo. Primariamente puedo decir y es lógico hacer esto por ser como soy, pero creo que en el fondo de mi hay otros motivos y estoy trabajando en ello.

Observa bien que tienes de alguna forma la oportunidad de evitar, por lo menos intentarlo de alguna manera, el hecho de incurrir en mal sobre los demás. Recuerda que cuando te dicen "no" es "no" y debes respetar, aunque te mueras de ganas y si eres de los que tienen que luchar con su psiquis para evitarlo usa todo a tu alcance para no hacer daño, o como dijimos al principio que hay que buscar ayuda profesional. Incluso ir en contra de estas tendencias sería lo más acertado. Aprovecha tus momentos de mayor lucidez, porque son los que pueden evitar que cometas errores más grandes. Empecé hace dos años y fue un gran comienzo entender mejor lo que me pasaba y darme cuenta de muchas cosas que no me gustaron, o por lo menos me desagradaron bastante, porque estaba en la búsqueda de entenderme a mí mismo. El tiempo me ha ayudado y he tenido avances para mejorar en varios de mis rasgos psicopáticos. Aunque digan que esto no tiene cura, y por supuesto que respeto la opinión profesional de personas que están trabajando e investigando estos trastornos, tengo motivos personales para decir que se puede mejorar mucho si trabajas en favor de ello, principalmente en los momentos de mayor lucidez. No afirmo que esta mejoría sea para todos, porque no creo que sea posible, solo que en mi ha funcionado hasta cierto punto, por lo que deduzco que puede haber en un cierto grupo la posibilidad de mejorar nuestra conducta. Esto tratado desde la meditación, voluntad y la integración de principios que forman la conducta y el carácter, incluyendo el método cognitivo conductual.

Me tomé el trabajo de buscarlo y resumirlo en qué consiste:

La terapia cognitiva conductual comúnmente incluye estos pasos:

1. Identificar situaciones problemáticas o trastornos de tu vida.

2. Prestar atención a tus pensamientos, emociones y opiniones en relación con estos problemas.

3. Identificar pensamientos negativos o inexactos.

4. Reformar pensamientos negativos o inexactos.

Este método lo he revisado y trabajado personalmente, pero aún mejor si lo haces acompañado de un profesional.

Tengo que reconocer que hay días en que me desconozco y no puedo manejarlo al cien por ciento.

Este es tu tiempo para que tomes decisiones y aprovecha que estamos dentro de los cabales para razonar todo lo que venimos hablando hasta el momento. "Deja de ocultarte quien verdaderamente eres y lucha contra esa parte de tu ser que pide depredar, sí, suena desagradable llamarnos depredadores, pero es la realidad". Aplica este método que mencioné hace un momento, porque puedo decirte a ciencia cierta que funciona bastante bien.

"Hay que reconocer que un gran número de nosotros no modificará en absoluto sus intenciones y su comportamiento" porque no les interesa en lo más mínimo.

Hay psicópatas que están por arriba de lo que hemos hablado hasta el momento, pero no puedo hablar de algo que no vivo, como sería el caso de los que toman decisiones muy cruentas con sus cercanos. Eso es más que un depredador integrado, eso es totalmente condenable y no tiene que tener contemplación. Es de recordar también que hay una parte de estos integrados que acuden a la violencia si necesario fuera. Solo me queda decir que si tú eres uno de esos intenta por todos los medios pedir ayuda para no llegar a una instancia grave e irreversible. "Las cosas las hablamos como deben ser tratadas"

Día 14

Si pudiéramos sentir de la forma correcta un poco el daño que generamos en las personas más cercanas quizás tendríamos la postura de alejarnos y dejar de hacerlo, aunque sea por un instante. Disfrutar del sufrimiento de otros puede es la base de tanta maldad. Es por eso qué acudo a ti y a mí por vía del razonamiento, para que tal vez, por ese lado hagas algo para mejorar, aunque sea un poco. Algo que decidí y estoy intentando evitar en mi caso, es dejar de buscar mujeres por las redes para engañarlas y estafarlas. Además de aprovecharlos a mis compañeros de trabajo y sacarles ventaja, e incluso todas las oportunidades de estafar a desconocidos que se me presentan.

Es algo que por momentos logro y en otros no, ya que hay días que si tengo la fuerza para evitar hacerlo. El día que triunfo se salvan personas que pueden ser engañadas o lastimadas por mí. He llegado a la postura que ocupar todos mis tiempos libres, podrá ayudarme a mejorar, aunque sea un poco. No estoy totalmente seguro qué pueda dejar de hacerlo por completo, porque encima escucho y leo a todos los profesionales especializados en la materia por años que afirman que, personas como nosotros no se curan o bien dicho sería que, no mejoramos. Curar sería si esto fuera una enfermedad, pero esto en definitiva es un trastorno de la conducta.

Espero que esto te ayude a ti y a mí, que en el presente o en el futuro las personas que estén frente a nosotros nos reconozcan y puedan evitar nuestras artimañas si es posible. No hablo de evitar tratarnos, aunque sería lo mejor, sino que en los lugares en los que nos crucen, como puede ser en la casa, el trabajo, o donde fuere, sepan cómo sortearnos. Aunque volviendo a la primera opción, sería ideal alejarse de nosotros, aunque suene duro, incluso en muchos de los casos tendrán que sentarse ante un profesional para saber cómo hacerlo tanto las víctimas como el victimario, lo que sería muy acertado. Después de un tiempo entendí por qué la profesional que fui a consultar por primera vez me aconsejó alejarme. Al principio pensé que estaba muy confiada y que por ende se inmiscuía a opinar precipitadamente, pero con el tiempo entendí el verdadero motivo. Seguro que en la primera sesión no podía agarrar y decirme: "señor usted es un psicópata y debe alejarse de su familia", porque seguramente me hubiera levantado y no hubiera regresado. En aquel momento no tenía en absoluto la postura que tengo actualmente y ha llevado su buen tiempo adquirirla. Es muy natural que nos aferremos a todo lo que hace en nuestras vidas, a la familia, al trabajo, estudio, amigos y una lista interminable que puede abarcar muchas cosas, pero yo digo y esto me ha llevado tiempo decidirlo que, cuando no es hay que soltarlo. ¿Duele? ¿molesta? seguro que sí. Seguramente es más una molestia que un sentir, porque lo que perdemos es el control sobre los otros.

Encima si en tu vida hay situaciones secundarias a ti, que te vinculan, y que digas lo que digas, hagas lo que hagas, no mejoran. Te puedo asegurar con sobrada experiencia que todo se potenciará. Si no puedes contigo, imagínate si vas a poder hacer que una situación personal, familiar o la que fuere mejore. Empieza por hacer algo por ti mismo y que de ahí surja hacia afuera. Te lo vuelvo a decir, no intentes mejorar lo que otros tienen que mejorar por si solos. Recuerda que ya cargas con algo bastante importante y de lo que te tienes que hacer cargo. Además de no poder mejorar durante muchos años mi conducta, también quise que otras cosas que eran verdaderamente injustas cambiaran. El peor error que puedo haber cometido es haber reaccionado de muchas maneras inapropiadas y ver eso en el tiempo me genera cierta decepción o frustración. En eso si somos buenos, sintiéndonos frustrados por lo que queremos y no se pudo lograr.

Ya estoy muy cansado y me acabo de quedar dormido en la silla, fue suficiente, aunque tengo otras formas en las que también hago daño será en otra ocasión quizás, en las que voy a contar cómo. Cuando haces mal nada bueno que hagas lo va a compensar, así que ponte un freno desde ya y observa en qué situación estás si verdaderamente quieres dejar de hacerlo. Esa debería ser otra de las grandes preguntas que te deberías hacer. ¿Quiero verdaderamente dejar de hacer daño a mi familia y a las personas que están cerca de mi alcance? Si eres capaz de responderte esto puedes seguir adelante y pasar al siguiente nivel. No tienes que tomar literalmente toda mi experiencia sino lo deseas, porque verdaderamente estoy pagando un precio muy caro por todo lo que hice. Ciertamente no deseaba de joven terminar como terminé, alejado de todos mis seres queridos, escribiendo en soledad estas palabras un domingo en la noche, rodeado solamente de mi celular, mi computadora y un televisor que está prendido todo el tiempo que estoy para no estar tan solo. Espero que este resultado te alienta para ver qué vas a hacer con tu vida.

Día 15

A quien pueda ser una presa le digo que no se deje hipnotizar, que trate de identificar sus propias vulnerabilidades y fortalecerlas, porque las detectaremos y nos agarraremos de allí, para quebrar su resistencia psíquica y emocional. Evita pasar años sin darte cuenta de todo esto, porque el mal que podemos hacer es tremendamente profundo. Suena bastante improbable que uno mismo se considere una posible víctima de este tipo de agravios y aún más que llegue a aceptarlo. Entender que existe una probabilidad alta servirá para subir la guardia y revisar más plenamente en la situación actual en la que estás, ya sea en lo personal, laboral o donde fuere.

Cuando ocurre es porque nuestras victimas tienen disonancia con la realidad que viven y a menudo no pueden concebir lo que les está pasando. Un proceso de aceptación de la realidad puede llevar años de vaciamiento y de consumo emocional y psicológico. La disonancia en la que viven muestra que sus emociones no son correspondidas con las emociones de la otra parte. Sus sentimientos no están en armonía con el otro y por lo tal hay disonancia afectiva. Empezar a vislumbrar esta posibilidad será la clave para empezar a cursar un camino de recuperación.

Ten cuidado de los que tienen gran labia, que son encantadores en las palabras, muy elocuentes. En los que tienen un mensaje perfecto, y que mienten sin problemas, incluso si se emocionan hasta las lágrimas.

El reconocido Psicólogo Iñaqui Piñuel promueve y comparte talleres de recuperación para personas que han caído en estas telarañas. Además, sus libros son excelentes herramientas profesionales para tratar plenamente la recuperación de esta depredación. Creo que si lo piensas bien debería haber un taller para personas jóvenes para antes de casarse y también para los primeros años de matrimonio, cosa de que tengan la posibilidad a temprana edad de no perder la capacidad de disociar el bien del error. Principalmente para antes de casarse, porque así se evitarían muchas de estas tragedias, o por lo menos supongo que se podrían evitar.

Recuerda que somos ante todo depredadores, perfectos camaleones que adoptamos la imagen que sea necesaria para lograr nuestro objetivo. Listos para insertarnos en tu vida o en el entorno donde queremos llegar.

Al principio dije que el uno por ciento se calcula que son depredadores consumados (puros). Esto corresponde a los que representan el todo de un psicópata, son los que delinquen e incluso pueden llegar a ser criminales. Estos abarcan a los asesinos, pedófilos y muy violentos. Estos por lo general están más identificados y es muy probable que terminen presos en algún momento.

Pero dentro de este mundillo de depredadores están los otros, de los que venimos hablando y que no siguen el mismo patrón de conducta que los anteriores. Aunque no quita que hay casos excepcionales en los que algunos de estos integrados han cometido crímenes y previo a ello nunca despertaron una alarma que vislumbrara esta posibilidad. Te los voy a mencionar porque entiendo muy bien este ambiente y es en esta zona de depredación donde habito. Entrando a hilar más fino en el asunto de los integrados te detallo de forma más dividida los principales. Tenemos a los narcisistas, a los maquiavélicos o malvados, aberrantes (trepadores laborales), primarios, secundarios, estafadores, y los llamados profesionales que son los políticos, los religiosos y los absolutos.

Voy a diferenciar a estos tres últimos que mencioné como integrados, porque si bien están socialmente insertos y llegan a estar bien posicionados, han sido y son responsables por lo general de las muertes masivas producidas por las guerras, las cruzadas en nombre de Dios, los genocidios globales y las acciones que implementan en favor de la reducción poblacional. Son integrados porque se ven bien insertos, usan ropa bonita y controlan distintas áreas, pero son lo peor de este ecosistema en el que habitamos todos.

Con esto se puede escribir varios libros, de hecho, hay buena literatura que habla en detalle de cada uno de estos y hago mención de algunos.

Recuerda una vez más que los últimos (todos los integrados) que mencionamos están bien ubicados en sus entornos y que por lo general son implacables y sin conciencia moral. Ten presente y lo diré varias veces que lo que nos diferencia de las personas normales es que, no tenemos capacidad de empatizar cuando generamos mal a otros y eso nos aleja de la posibilidad de cambiar. Sumado que nos falta tener conciencia moral (genuina), porque la podemos disimular.

Ten cuidado con los jefes que pueden criticar tu desempeño de una manera muy personal, los que ponen en dudas tu reputación y afectan tu imagen pública. Ayer justamente fuimos con el equipo de salud a un hipermercado en dónde tuvimos que asistir a una mujer de treinta y tres años que es responsable de un área donde atiende directamente al público. En principio fuimos por una hipertensión según nos derivó la sala de operaciones que nos coordina el trabajo. Al rato de estar con esta persona y por experiencia de otras atenciones hicimos la pregunta clave. ¿Hay algo que te esté afectando en el trabajo? El llanto fue inminente y la descarga verbal se enfocaba en el maltrato sistemático que recibe a diario por su desempeño de parte de su jefe. En general este tipo de maltrato puede ser hecho de distintas formas y no necesariamente con palabras o acciones fuertes. Hay distintos niveles, respecto de eso. Ten cuidado de estas acciones porque muchas veces esconden a una personalidad psicopática y estas son las ocasiones donde se pueden reconocer. En este caso se dio que era una mujer, pero he visto también en hombres recibir persecución y maltrato sistemático de parte de su empleador o superior.

Esto mismo puede ocurrir en distintos entornos como puede ser un club, un entorno familiar, social e incluso hasta un entorno religioso. En un grupo de amigos es un tanto común que tu pareja (si es un/a psicópata) traiga a relucir tus supuestos defectos y te ridiculice sutilmente (en forma de chiste o similar) delante de tus amigos o delante de tus hijos. Cuando digo sutilmente puede que encare la misión diaria de minar con gotitas de crítica delante de tus hijos o amigos, haciéndoles creer que eres tal o cual persona y lograr inducir un pensamiento sobre ellos con el tiempo. Con el solo hecho de repetir una palabra o frase a diario puedes incurrir qué, en el tiempo, la persona que escucha la asimile como real, y más si se trata de jóvenes que escuchan de su padre o madre este tipo de comentarios que lo único que generan es malestar.

No necesitas gritar a viva vos cuando quieres inducir un pensamiento en otros, con hacerlo suavemente o lo disfrazas de humor, y así puedes lograr que una persona o incluso hasta una sociedad entera, crea y asegure que una idea o concepto es verdad. Fíjate en qué lugar de esta ecuación estás, porque incluso puedes ser tú el victimario, aunque esto está dirigido de primera a quien lo pueda padecer. En fin, sirve para que ambas partes nos demos cuenta de lo que puede pasar y que, de hecho, pasa de muchas maneras.

Día 16

¿Somos o nos hacemos? Esta pregunta la escuche hoy de un profesional muy destacado en el estudio de nuestra conducta y creo que es necesaria incluirla y responderla según él y el equipo de profesionales que lo acompaña. Ten en cuenta que para poder desarrollar todo esto he tenido que respaldarme en los mejores expertos de la materia y no sólo en lo que pueda aportarte de mí mismo. Decidí combinar estas partes porque, me parece la fórmula perfecta, para que logres comprender cómo operamos y cómo nos puedes encontrar.

Entiendo que siempre es mejor que un profesional enseñe y afirme uno o varios conceptos y más aún cuando lo acompaña una vida de estudios profesionales como en el caso del Doctor Iñaki Piñuel, a quien ya he mencionado con el mayor de los respetos, o al reconocido psicólogo Robert Hare, a quienes admiro por su estudio sobre nosotros. Ojalá que algún día puedan ellos u otros destacados encontrar un tratamiento, que nos permita poder terminar con esta situación en la que estamos, o al menos mejorar. Por el momento solo me queda invitarte a disfrutar de esta lectura provechosa.

Cabe mencionar también a la reconocida periodista Colombo-Americana Lilian Marín, que recopila en su libro (Me Cazo un Psicópata) los testimonios de víctimas que estuvieron bajo el dominio de sus depredadores, los cuales aportan un caudal de conocimiento importante para que otras personas puedan salvarse de estas maldades.

A esta altura admito, aunque suene narcisista, que siento cierta admiración por mí, debido a que no es común esto de hablar desde el lugar que ocupo. Creo que en general no será así, se imaginan a los distintos tipos de psicópatas saliendo a la luz y reconociendo sus hechos, enseñando lo que piensan, haciendo referencia específicamente de los integrados. Esto de que saldrían a reconocer es muy utópico lo que digo y por eso sigue siendo necesario aprender a diferenciarnos para mantenerse a salvo.

Creo que, de esta triada de pensamientos y hechos registrados se les puede sacar mucho provecho, ya que debe dársele más importancia, aunque creas que no estés afectado de alguna manera. Es necesario que familiares y amigos de las posibles personas que sufran depredación puedan estar preparadas para reconocer este mundo casi inadvertido, porque quizás sean los únicos que puedan hacer algo a tiempo por nuestras víctimas. No puedo decirte que me siento completamente empático con lo que te estoy invitando a hacer, porque me falta la parte emocional del tema, pero entiendo por conocimiento que lo que hacemos es terrible y para mí es importante hacer algo que enmiende de alguna forma. Tengo razones personales suficientes para querer colaborar, aunque también me mueve la idea de ser reconocido dentro del mundo literario como un depredador que se dispuso a ayudar en bien de otros. Suena lindo y quizás después de esto hasta consiga una entrevista televisiva por este testimonio que doy de todos estos ítems para poder identificarnos.

Volviendo de lleno a el tema que me ocupa, creo que perdí la capacidad de arrepentimiento ya hace mucho, por eso creo que en parte me fui convirtiendo en un depredador. Recuerdo haber sentido bien de joven emociones de tristeza, cuando me portaba mal con alguien o hacía algo inadecuado, y de alegría en otras lindas ocasiones. Claramente sé que no soy un sociópata, porque logré integrarme sin inconvenientes y he llevado una vida aparentemente buena, a la vista de todos los de afuera de mi entorno. Pero los míos saben quién soy realmente y espero que entiendan qué es mejor que no esté tan cerca de ellos. Seguramente lo entienden y aunque no parezca lo ideal, es mejor así. Aunque últimamente me estoy dando cuenta que entienden lo necesario que era. En fin, es lo mejor para todos, incluso para mi.

El tiempo y las circunstancias fueron parte relevante para inducirme a escribir esta obra personalmente en la situación que vivo a diario. No justifico nada de lo que he hecho, sino más bien sirven para dar evidencia de que lo que se enseña es tal cual lo dicen. ¿Cómo volver hacia atrás en el tiempo?, parece que no hubiera solución. Solo me resta agarrarme de lo que estoy haciendo para anclarme en algo. Me siento perdido muchas veces, como dominado por algo adentro mío que decide lo que tengo que hacer y esa otra parte de mí, que es la que habla ahora, no pudiera hacer nada porimpedirlo.

Me he alejado lo suficiente de mis seres queridos para evitar hacerles más daño, trato de verlos lo justo y necesario para no dar oportunidad de cometer errores. Ayer estuve con ellos durante el día, almorzamos y vimos unas pelis comiendo cosas ricas.
Disfrutando del momento agradable y generando un buen recuerdo. Ojalá que estos momentos que busco tener, generen un poco de contra peso a la vida que han llevado conmigo. Han sido tantos que pesan mucho en la memoria y en algunos instantes siento que me ahogo por las angustias que han vivido. El solo hecho de pensar en las muchas ocasiones de descontrol que he tenido y las tristezas que he causado, me da la impresión que Dios permite que sepa lo que han pasado para entender que ha sido tremendo el daño. Eso me pesa mucho y hoy estoy en un profundo vacío. Aprendan de mí los que están con más tiempo, no lo tomen a la ligera porque si no un día estarán en mi lugar. Y a los que ya están en mi lugar traten de hacer algo para no dañar a más nadie. Retrocedan de todo lo malo que estén haciendo, porque saben que no es correcto.

Como verán mi enfoque de lo que escribo es bien amplio, porque hablo a víctimas, como a victimarios. A los que lastiman (psicópatas) les hablo principalmente por vía de razonamiento, porque no pretendo en lo más mínimo que una persona que no tiene capacidad de sensibilizarse con el dolor ajeno lo entienda desde lo emocional.
Comprende que no es bueno lo que hacemos, que no te llevará a nada. Si disfrutas de alguna manera con este tipo de vida que llevas, trata por los medios que sean necesarios de abandonar esta forma.

Día 17

Por lo general, el que está en esta situación esconde otros problemas que pueden ir de la mano o ser menores en gravedad. Conozco a uno que es amigo de la pornografía, a otro que es adicto al sexo y que hará lo necesario por mantenerse en ritmo de esto que menciono, sin importar lo que tenga que hacer para obtenerlo. Lo he visto en ocasiones acosando a mujeres para obtener lo que quiere, incluso mentirles de muchas formas para lograr lo que desea. Por último, a una que es narcisista y que permanentemente halaga su persona y busca ser vista y reconocida por quienes les rodean mostrando una fachada bastante bien armada, aunque detrás es otra persona muy distinta.

Otra de las interesantes frases que dejan estos grandes profesionales dedicados a nuestro estudio es que: No todos los narcisistas son psicópatas, pero todos los psicópatas son narcisistas.

Ser un depredador requiere de muchos artífices para ocultar la verdadera personalidad que habita en nuestro interior, aunque no se puede tapar siempre el sol con las manos y tarde o temprano se notará algo que muestre nuestra verdadera personalidad. La mentira es la base de toda nuestra fachada y es la que permanentemente sostiene la vida que llevamos. Es tan esencial y natural al mismo tiempo que, no podríamos existir sin ella. Por eso es qué no tenemos alteraciones fisiológicas al mentir, como puede ser el caso de tener sudoración o pulso acelerado. Menos ponerse nervioso porque es tan natural y es parte de nuestro idioma.

Como ven ya no reconoceré otras debilidades personales, sino más bien seguiré exponiéndolas de forma general a las otras tendencias que pueden acompañarnos en este deleite de ser un depredador, utilizando ejemplos de cercanos. Espero que no te molestes por mi humor, sé que es un tanto oscuro, pero si no me permito ser yo, no podrás conocerme bien y entenderme.

Verás, como mencionaba más arriba, que por momentos te hablo a ti, a quien pueda interesarse por este conocimiento desde una posición de espectador y en otras a ti amigo y colega depredador. Sí, es un tanto enroscado todo, pero nunca dije que esto fuera simple para alguien, ni siquiera para nosotros.

Día 18

Psicópatas: ¿Tóxicos o depredadores?

Se suele confundir en algunos casos a una persona tóxica con un psicópata, pero esto no es así. La personalidad psicopática es mucho más que eso y voy a aclarar esto también.

Por un lado, hay que entender que una persona tóxica generalmente está mal psicológicamente, presenta un trastorno o quizás tiene una adicción y es un ser que tiene una visión distinta de las cosas. A mi entender son polluelos al lado de un psicópata, aunque son dañinos igual y me tomaré el tiempo para describirlos en detalle.

Por otro lado, cuando nos metemos de lleno en este ser que describimos desde el principio como alguien que se perfecciona en el tiempo y que no sólo es tóxico o nocivo. Sino que se presenta estable a la vista y que tiene un rango de influencia muy amplia, desde un entorno laboral, o incluso mucho más, como puede ser el caso de un líder social o gubernamental y que depreda con su personalidad psicopática a todos los que estén bajo su influencia.

Así como hemos tomado tiempo para ver las características de un sociópata también es necesario describir las de una persona tóxica, porque en definitiva hay una diferencia importante con un psicópata.

Algunas de estas características de la persona tóxica son:

Minimizan los logros y éxitos de los demás y nunca comparten tus alegrías o, si lo hacen en un principio, acabarán por quitarle importancia al final. No confundas esto con una persona poco expresiva, porque al tóxico le incomoda los triunfos ajenos, ya que se sienten aún más frágiles y precarios. Aunque esta respuesta parezca un agravio evidente, normalmente lo dejamos pasar e incluso justificamos (estará muy ocupado, tiene mala memoria y olvidó felicitarme…)

Otra: son pesimistas y cuanto más optimista e ilusionado estés tú con cualquier proyecto o experiencia, más expresarán la parte negativa de cualquier cosa, con críticas y quejas, para dejar un poso oscuro que rebaje tu entusiasmo, todo son problemas para ellos. Se nutren de rebajar la alegría y la euforia de los demás.

También son profundamente dependientes y posesivas, no quieren compartirte con nadie más y tienden al aislamiento, suavemente te van separando de amigos y familiares con excusas como "es que solo quiero estar contigo", "a mí no me hace falta nadie más, ¿y a ti?", "es que tus amigos no me caen bien y prefiero que cenemos los dos solos". O la descalificación directa de ellos si ven que pueden hacerlo (tu amigo es un idiota, etcétera). También pueden decirte, tu eres mi mejor amigo/a, para hacer juntada aparte. El psicópata también tiende a aislar a la familia hasta donde más puede, principalmente a la pareja.

Ideales para hacerse las víctimas y aunque no sabes cómo pero siempre acaban dando "la vuelta a la tortilla" para que tú seas el/la culpable. Esta estrategia les permite ser validados/as y disponer a su antojo de todos nuestros recursos, de todas nuestras energías. Maestros/as para poner el balón de tu lado de la cancha (según decimos en esta región).

Además de tomar la postura de victimas (hombres o mujeres) en situaciones eventuales, están quienes usan esta imagen (mayormente mujeres) para sacar provecho de ello, hablando en cuanto a conseguir bienes materiales a su antojo, usando el sexo, incluso, como elemento de ayuda. Esto último se inclina más a la mujer psicópata, pero no quita que los tóxicos también lo usen. Aunque pueda ser controversial en una época sensible sobre la mujer, hay que mencionar todo en su totalidad y decir las cosas como son, porque esto último también está estudiado y solo es cuestión de indagar para ratificar que lo último que digo también es valedero.

En general son personas muy egoístas tanto en lo material como en lo emocional y priorizan sus necesidades y caprichos por encima de los tuyos, todo el gasto que se haga en ellos está súper justificado, y en tu caso sólo si hay un interés movido por una razón. Son poco empáticos y no consideran los sentimientos de otros.

La inestabilidad emocional es otra característica porque no tienen término medio, o están exultantes o están deprimidos sin motivos aparentes que justifiquen estos cambios. Nunca sabes por dónde te pueden salir, incluso ante una situación similar, nunca reaccionan de la misma manera, no son coherentes ni equilibrados emocionalmente. De esta manera, te descolocan, jamás adivinarás por qué puede estallar y así procurarás tenerle siempre contento y satisfecho para evitar conflictos.

Expertos en 'luz de gas': Una de las formas más peligrosas y sibilinas de anulación que te hará sentir que estás perdiendo la cordura. Quien hace luz de gas es capaz de afirmar que ocurrieron cosas o no con una seguridad y una firmeza tal que resultan creíbles y comenzarás a pensar que eres un exagerado y que quizás no tienes razón o incluso que dudes de tus recuerdos sobre un hecho concreto.

En definitiva, la persona tóxica quiere anular tu voluntad y distorsionar la realidad sin que te des cuenta. He inocularte con sus propios virus (enfermedades emocionales y otros)

¿Han conocido a personas tóxicas? ¿Reconocen estas señales?

Aunque menos dañinos que los psicópatas no debes descuidarte de estas personas que abundan.

Día 19

Es evidente que no podemos tener un equilibrio interno (genuino) en esta forma de vivir y el mundo profesional afirma que aún no hay un tratamiento farmacológico que pueda ayudarnos a regular este tipo de trastorno de la personalidad. No existe un medicamento específico para ello, ya que no se padece delirios, alucinaciones, ni estados de ansiedad o agresividad que lo motiven; por lo que no se pueden combatir síntomas, porque no se considera una enfermedad.

Por lo que sigo acudiendo a invitarte que bajes tu forma de lastimar o como quieras llamarle, a las personas que están a tu alcance. Lo que digo a ti me lo digo a mi mismo, ya que está claro que para lograr bajar el mal que hacemos hay que poner mucho de nuestra parte, aun así, difícilmente podamos dejar de hacerlo por completo. Un consejo más es que, bajes la exposición a cualquier medio o forma que transmita formas de violencia, llámese televisión, internet o lo que fuere.

Hay mucho escepticismo acerca de nuestra mejoría, dándose dificultades en algunos puntos relevantes que son necesarios. Por ejemplo, al no poder generar un vínculo emocional entre el terapeuta y el paciente, la persona no siente la necesidad de cambiar, la comunicación entre el paciente y el terapeuta no es sincera y es prácticamente imposible el trabajo desde lo emocional. Es por eso que profesionales como Robert Hare sugieren tratamientos desde el plano de lo racional.

Si una actividad que realizas es parte funcional de tu conducta depredadora sácala lo más que puedas. Medita, lee mucho si te interesa saber cómo mejorar, porque creo que hay momentos donde puedes actuar con más conciencia y en otros donde favoreces esta depredación. Ve a un profesional y dile lo que crees que está mal en ti (di toda la verdad) y comprométete a seguir asistiendo para que puedas tener un seguimiento, porque hay muchos que dejan de ir antes de lograr un hábito. Pídele a alguien fuerte de tu familia, quizás un hermano/a, amigo o quien fuere que tú le harías caso, que te ayude a no dejar tu tratamiento, ya sea el cognitivo conductual con el profesional, o los talleres que proponen algunos terapeutas.

Reemplaza tus conductas con otras que sean altruistas donde no recibas tanto reconocimiento y aunque no puedas emocionarte hazlo por conocimiento y compromiso. Cuando quieras llevar una conducta que te aleje de lastimar, solo hazlo, lo más concreta posible.

Es evidente que esto no va a resultar para todos como ha resultado para mi, pero creo que si funciona en el caso de que la persona tenga algo de voluntad. Habrá días que podrás lograrlo mejor que otros.

Aunque por un lado podemos decir concretamente que hay un grupo de profesionales que afirman que: "Hay que seguir desarrollando programas adecuados de tratamiento".

Aunque no me identifico dentro del siguiente grupo es necesario mencionarlo y tiene que ver con los delincuentes psicópatas reincidentes altamente agresivos. Está visto que la seguridad de la sociedad en general hay que sostenerla y en esto no hay margen de tolerancia alguna.

"Debe quedar claro que no se puede, ni se justifica aceptar ninguna clase de violencia por parte de una persona que posea estas características que hasta el momento hemos mencionado. Ni dentro de un entorno laboral, familiar o donde fuere ya que la misma no ha perdido la capacidad de razonar y sabe, aunque sin emociones, que lo que está haciendo no es correcto". Considero que mi nivel de agresividad tanto dentro del entorno familiar y fuera, fue de un nivel medio, suficiente para causar heridas que van a quedar en la mente y en el corazón de los que recibieron de mi nefasta influencia. Ojalá y lo deseo más que nada en este momento, que quienes leen esto hagan una pausa y se pregunten: ¿En qué dirección estoy caminando con estos pasos que doy?

Día 20

Hoy es un día que puedo afirmar que todo lo que he escrito es cierto, aunque hoy veo que retrocedí diez kilómetros de avance, de conductas que había mejorado un poco y en las que he vuelto a caer. Estas situaciones pueden suceder por más que uno haga su mayor esfuerzo y no sabría cómo describirlo, pero sé que por momentos siento frustración por no poder lograrlo, o por lo menos supongo que siento algo parecido.

He intentado reemplazar conductas que siempre repito, pero ahí estoy de nuevo, cayendo en los mismos errores. (Eso me pone de malas).

Hace más de dos horas que estoy frente a ocho renglones literalmente sin avanzar. Me voy a caminar por un momento para ver si se me aclaran las ideas un poco, porque estoy trabado en lo mismo y no puedo continuar. Acá estoy de nuevo, pasó más de un momento porque después de caminar, me duché y me sentí más relajado, y gracias a eso quedé dormido profundamente, jaja. Lo más común es que duerma en cualquier horario y hacerlo de noche es poco común. Ya me levanté y tengo mucho para hacer en mi día libre, espero llevar mejor este día.

Como es común abrir las redes y observar lo que postean tus contactos encontré este texto que comparto ahora.

Antes de dormir mentaliza esto:

"Merezco ser feliz, merezco que me vaya bien, me perdono y confío en mí, mañana empiezo de nuevo, esta vez sí lo voy a lograr" Descansa, mañana será un gran día.

Parece muy idealista, pero se ve que alguien cree que puede alcanzar este estado, poco creo en esta felicidad de la que habla, pero tampoco la voy a contradecir. Debe ser porque yo no creo poder alcanzar esto tan elevado (pienso). Entonces me conformo con que me vaya bien en lo que quiero hacer, que es bajar el nivel de acciones que otros consideran mal, para que así yo pueda estar más tranquilo en los momentos que puedo darme cuenta que hice bien, porque después de todo, tengo esos dos momentos en los que pienso muy distinto. Aunque sigo diciendo que en ninguno de los dos estados siento culpa de lo que hago, sino me manejo por razonarlos hechos.

Solo quiero en este momento, o al final del día, simbólicamente hablando, ver que hice mejor las cosas, que predominó ese accionar en mí y que no me dediqué a destruir a nadie o a falsear conductas. Esa otra parte está como en silencio ahora y espero que no se despierte o como quiera que se le pueda decir. Esto es básicamente una lucha diaria por hacer el bien, o en este caso se podría decir de forma más acertada, evitar hacer el mal a otros. Creo que en esto hay que programarse mentalmente, y eso se consigue trabajando a diario por lograr llevar una vida distinta.

Día 21

Este es el último día en el que te voy a escribir porque es un verdadero desafío sentarse y plantear todo lo que he dicho. Desde la última vez que estuve aquí contigo pasaron muchas situaciones en las que me dediqué a hacer de las mías, algunos pueden pensar lo que quieran, pero otros quizás puedan entender un poco, no para justificar, no es esa mí intención.

Recuerda todo lo que he dicho, cada punto es importante y te puede ayudar a librarte bastante bien de personas como yo, o de las que son aún más peligrosas. Observa bien las conductas antes de involucrarte plenamente. No confíes tan rápidamente por más que suene lindo su discurso, recuerda que somos expertos simuladores y podemos camuflarnos en cualquier ambiente y asumir cualquier rol. Espera y pon atención a los rasgos que con el correr del tiempo se notarán, como la incongruencia de pensamientos. Los psicópatas se muestran cambiantes sobre las mismas ideas ya que internamente no pueden sostener todos sus pensamientos estables en el tiempo.

Observa si tu pareja te cerca y te aísla de tus familiares y amigos, o si ya estás metido en esto hace tiempo. No lo dejes porque seguirá hasta quitarte todas tus libertades.
¡No lo permitas!

No permitas que te haga sentir culpable de lo que supuestamente ocurre, como por ejemplo una situación de responsabilidad compartida o exclusivamente de él. De igual manera por cualquier cosa intentará bajarte emocionalmente, convertirte en victimaria. Somos especialistas en esto.

¿Qué es lo que más le molesta a un psicópata?

El blanco perfecto de su ira: la pareja y los hijos/as.

Casi se podría decir que se enfadan por cualquier cosa, la ira es una emoción reiterada en los psicópatas y narcisistas. Viven en estado de irritación permanentemente, y están alerta sobre el comportamiento de los demás para recriminarle cualquier nimiedad.

No dejes que te ocurra en tu trabajo, si tienes alguien que deliberadamente actúa como un psicópata, instrumenta la forma para evitar que te afecte o en su defecto busca otro trabajo con cautela y de forma razonable. No digo de ninguna manera que lo abandones de forma repentina, pero sí que te pongas en campaña en esto.

Para los que están más arriba es un llamado diferente, haciendo referencia a los que ocupan puestos de influencia social o gubernamental, incluso otras formas de incidir sobre los pueblos. Dejen de tomar medidas que afectan negativamente a las poblaciones y lo digo así porque por más que crean que ciertas decisiones son favorables y estén totalmente convencidos, no lo hagan, si saben en su interior que están depredando. Este último deseo no tiene ningún ápice político, pero si vamos a ser llamados a mejorar nuestras conductas hay que decírselos a todos por igual, sin hacer acepción de personas o condiciones personales.

Recuerda que somos más letales y experimentados que un sociópata y que una persona tóxica. ¡Verdaderos/as estrategas!, dicho de otra forma, ¡Vampiros emocionales y mentales!, que iremos drenando tu ser día a día hasta dejarte sin vida.

Ayer en la noche estuve de guardia con una médica que vivió veinte cinco años casada con un psicópata y hace menos de un año se dio que pudo separarse y comenzar nuevamente. Lo de comenzar nuevamente es hasta cierto punto porque si analizo lo que ha contado sobre su vida y cómo se la ve, es el claro ejemplo de una persona drenada psicológica y emocionalmente. Tiene un largo camino de recuperación y recién ahora está cayendo en cuentas de lo que le pasó. Es evidente como ya hemos mencionado que tuvo un claro grado de disonancia en todos estos años porque yo recuerdo sus justificaciones en charlas previas a su separación, que mostraban sencillamente que no distinguía la realidad del error. Ya hizo su primera parte y tiene que seguir porque tiene un largo camino por recorrer.

Es relevante mencionar que la víctima está en completa desarmonía con sus ideas, sus emociones y hasta sus creencias también, por lo que sus pensamientos están en pleno conflicto. Aún se recrimina mucho su separación y sabe sentirse responsable de que todo haya llegado a su fin. Lo que la fortalece mucho es que mantiene su relación con sus hijos adolescentes, pese a toda la influencia negativa que su ex esposo ha ejercido sobre sus hijos. Este hombre por supuesto que sigue haciendo de las suyas, principalmente por mensajes y audios en el teléfono. Yo los he escuchado y leído a muchos de estos y responden a una conducta de acoso psicológico, agrediéndola muchas veces con palabras denigrantes y abusivas sobre su persona. Como si quisiera mantenerla sumida aún, estando ya separados de forma legal. Ella evita lo más que puede tener contacto directo con él, pero se nota que pese a su mejor esfuerzo tiene que reforzar su situación con terapia. No alcanza tampoco con sumirse en más trabajo, y esto se lo digo a todos los que piensan que con estar más tiempo ocupado pueden salir adelante. Busquen el apoyo de profesionales especializados en estas conductas.
Lean buenos libros referentes al tema, anímense a asistir a un taller, hagan más que solo ir más seguido al gimnasio. Complementen todos los recursos que están al alcance de ustedes, e incluso los que no también. Pidan ayuda a las personas de confianza, apóyense en Dios para que sane sus heridas emocionales y psicológicas, revivan la esperanza y recuperen la confianza de que son valiosos. Ojalá que este libro y todos los recursos que existen puedan servir en la vida de todo aquel o aquella que lo necesite.

Mencionado ya algunos ejemplos y tantos otros que se viven, puedes esperarlo de cualquier lado, así que no te sientas culpable por tener que plantarte si notas algo raro que antes no veías en tus parientes o personas como tu jefe, un amigo o quien fuere, ya que no hay personas libres en esto y no debes permitirlo.

Ten en cuenta por lo menos tres o más rasgos de lo que te he dicho para reconocer a un psicópata y por supuesto, apaláncate en un profesional de la salud mental. Aún más si ya estás siendo drenada/o hace mucho tiempo y estás tratando de salir de alguna forma.

No tengo más para decir, he hablado tanto que veo que te he dado todas las herramientas para estar más alerta. En esto hay cierto riesgo y me gusta la idea de que trates de descubrirme. Así que te deseo suerte porque seré implacable ahora que tienes todas las ventajas. "Cuídate mucho"

Atentamente   Tu

amigo Frodo

P/D: ¡Me da igual si eres tú o yo hablando a nuestras victimas!

Consejos de un psicópata a otro

Resulta interesante y al mismo tiempo audaz que yo precisamente, pueda dar algunos consejos para depredar menos, pero es uno de los motivos que mueven el propósito de estas palabras. Socialmente se produce una desacreditación inmediata de la palabra, no obstante, voy a proceder con lo que quiero y en todo caso mis consejos en este momento son para los que cursan esta forma de vida, como yo. Espero que no se justifiquen diciendo en sus mejores momentos de claridad, no se puede, porque a mí me ha resultado y te los doy porque no pierdes nada con intentar. No son una fórmula mágica, ni mucho menos una solución para todos, sólo espero que te resulten como lo hacen conmigo. Incluso que este no debería ser el último lugar en donde se pueda encontrar también herramientas para ayudar también a los psicópatas. Hay mucho material y me parece muy acertado que lo haya, para ayudar a las víctimas y a quienes pueden colaborar en su ayuda, como hemos mencionado antes.

Consejos:

-Realiza actividades contrarias a las que se declaran cómo depredación. Por ejemplo, si te gusta llamar la atención haciendo servicios y que se sepa que realizas actos comunitarios, ya sea que lo hagas para que tu familia, amigos o gente de tu entorno lo vean, evita hacerlo público. Empieza haciendo lo contrario, que nadie lo sepa, lo menos posible para que no alimentes tu narcisismo. Con algo de frecuencia consigo artículos para donar y a la persona que se los doy le vengo diciendo hace un tiempo que no me mencione con nadie, así evito alimentar al siniestro que llevo en mí. Eso me lleva a hacerlo de una manera más altruista.

-Aléjate de buscar crecer en una empresa a cualquier costo. Quizás sea tu caso o no, pero tal vez tengas que alejarte de los trabajos donde puedes llegar a tener estas situaciones que te lleven a crecer a toda costa. Te diría que trabajes por cuenta propia, ya que hoy en día es totalmente lograble. Yo no volví a intentar liderar en una empresa y no lo voy a hacer. No quiero atentar contra tu progreso, solo sugerirte que hacer con esto para que no caigas nuevamente en estos males. Ahora bien, es tu decisión, tómalo como una sugerencia solamente.

-Lee mucho, pero mucho sobre el tema y busca ayuda profesional. Diles toda la verdad y forma hábitos. Intenta llevar un diario personal para escribir porque te ayudará a reflexionar y hacer transferencia sacando lo que hay dentro tuyo. El objetivo es sacar a luz tus pensamientos y reflexiones.

-Escucha música que te calme como por ejemplo la música de agua. En mi caso puntual noto que de alguna forma me calma y me induce a la reflexión. Es la única que realmente me distrae de forma positiva los pensamientos.

-Deja de buscar en las redes la posibilidad de conocer gente (hombres o mujeres) para depredarla y de cualquier otro medio que haya. "Deja de hacerlo" "Deja de hacerlo"

-Por supuesto de principio lo he dicho que busques ayuda profesional y que continúes en el tiempo haciéndolo. No tengas miedo a revelar lo que eres realmente, que en definitiva un profesional tiene que interactuar con personas como nosotros.

-Aléjate de las personas a las que le haces daño. Sé que esto es muy contrario a tu naturaleza y la mía, pero en mi caso lo estoy haciendo. Ya no estoy tan cerca de ellos para evitar en lo más posible que salgan dañados, por una convivencia patológica y perpetuada en el tiempo. Este debe ser el mayor desafío, tomar distancia de quienes son tu familia o a quienes puedas afectar. Mantén el contacto justo, hazlos feliz a tus hijos en esos momentos y luego permanece con cierto distanciamiento. Por ser una persona de actividad religiosa no debería aconsejar esto, ya que es contrario a la naturaleza de los principios que he vivido desde muy joven. Es solo que al poner en la balanza lo que resulta en cada una de las situaciones, es mejor evitar hacer daño. Sé que puedo ser tremendamente cuestionado en esto, pero seguro que muchos más estarán de acuerdo, o quizás no, porque a las víctimas se les aconseja huir de nosotros, entonces esto que mencioné favorece y respalda ese consejo.

"Quédate solo" y no vuelvas a acercarte a alguien para hacerle daño. Esto también aplicado a otro tipo de relaciones, por ejemplo, amistades y trabajo. Recuerda que si estás en un lugar influyente eres responsable de evitar depredar a un nivel mayor.

-Si razonas que no puedes realizar un cambio pleno, no abandones a la primera. Me pasa que hay días en el que estoy seguro que no hice mucho por mejorar mi conducta. Pero ahí estoy ahora y aunque no sea una persona emocional en todo, soy una persona pensante y me valgo de esta parte para lograr lo que he hecho hasta ahora.

-Tómate quince minutos en las tardes (siempre que puedas) justo al atardecer para ver la puesta de sol y reflexionar. Una vez que lo vuelvas un hábito tu mente misma te avisará cada día que tienes un turno con la puesta del sol y tu mente. Mantente en actividades que te lleven a la reflexión.

-El consejo final remarca el eje de todos los consejos. Has lo contrario a depredar, aunque se te diga que no tienes cura y no vas a cambiar. Le hablo a esa parte de ti que puede llegar a razonar conmigo. "Inténtalo por este lado y no te rindas"

Resumen:

Un psicópata en nuestras filas es un enemigo infiltrado, un personaje que socaba desde adentro de forma camaleónica. No se manifiesta abiertamente en contra, porque lo hace con sigilo para no ser detectado, hablando el idioma de los que los rodean. Pudriendo a su paso todo lo que toca, socavando el juicio y la racionalidad para quedar enfrentados desde adentro. Un enemigo declarado es mejor que este tipo de personajes siniestros que se ocultan mayormente bajo una linda fachada, con cara de inocencia, casi imposibles de detectar, en cualquiera de sus géneros. Una parte de ellos son capaces de grandes atrocidades, sin sentido mínimo de la compasión y dispuestos a saquear a naciones enteras, cometiendo genocidios o cualquier otra abominación sin ser movidos a sentir culpa alguna. Están en todos los niveles de nuestra sociedad y en muchos casos deciden el destino de pueblos enteros. Como también se encargan de distraerte para que mires otras cosas y no te des cuenta del mal que ejercen. Distorsionando la realidad de los hechos, haciendo incluso que inmoles su imagen y alabes su persona. Narcisistas de primera línea que nunca te pondrán a ti o al resto en primer lugar.

Aprender a reconocerlos es más que una misión porque como dije, están en todos lados. Han llegado desde lo más pequeño a las esferas más altas de la sociedad. No sería tan absurdo decir que estamos gobernados por ellos en parte y que es imperioso tener bien en claro lo que son y cómo reconocerlos. Evitemos que socaven los pilares de nuestra sociedad, recuperémosla como debe ser. Es una infección que puede ser sanada si entendemos su origen y cómo contenerla. En nosotros está erradicar este mal que asola a gran parte de nuestra población mundial. Lo primero para curar este mal es hacer colectivo este conocimiento que sanará el alma de nuestros pueblos.
Evitemos ser repetidores de ideas o conceptos sin primero usar nuestra inteligencia para entender, razonar y tomar decisiones. "Evitemos ser engañados"

Usemos esta fuente para identificarlos en todos los niveles que se presentan, desde los entornos más altos (gobiernos y empresas) a los más comunes para nosotros (familia) en los que estarán determinados a actuar sin compasión.

Escritores de referencia:

Gabriel Rolón: Gabriel Felipe Rolón es un psicólogo, psicoanalista, escritor, presentador de radio, músico y actor argentino. Famoso por su participación en varios programas de radio y televisión. Nacimiento: 1 de noviembre de 1961 (edad 59 años),Buenos Aires.

"En todo ser humano habita una potencia destructiva y competitiva"

Dr. Iñaki Piñuel: Iñaki Piñuel y Zabala es un psicólogo, ensayista, investigador y profesor español de la materia Organización y Recursos Humanos en la Facultad de Ciencias Empresariales y Ciencias del Trabajo de la Universidad de Alcalá. Wikipedia

Nacimiento: 1965 (edad 56 años), Madrid, España

Libro de referencias sugerido: Amor zero

Robert Hare: Es un doctor en psicología e investigador de renombre en el campo de la psicología criminal. Es profesor emérito de la University of British Columbia donde sus estudios se centran en psicopatología y psicofisiología. (Calgary, Alberta, Canadá, 1934)

Lilian Marín: Liliana Marín, Periodista Colombo-Americana con más de treinta años de experiencia en los principales medios de comunicación de los Estados Unidos.

Libro de referencia sugerido: Me cazó un psicópata

Glosario:

Narcisista: Trastorno en el que una persona tiene un sentido exagerado deegocentrismo.

El trastorno de personalidad narcisista es más frecuente en los hombres. La causa no se conoce con exactitud, pero puede implicar una combinación de factores genéticos y ambientales

Los síntomas incluyen una necesidad excesiva de recibir admiración, indiferencia con respecto a los sentimientos de los otros, intolerancia a la crítica y sentimiento de que los demás le deben algo.

El trastorno debe ser diagnosticado por un profesional. El tratamiento consiste en la terapia conversacional.

Maquiavélico: El término maquiavélico es un adjetivo que se emplea para indicar las acciones o actitudes de astucia, engaño y doblez que emplean algunas personas a fin de lograr un propósito específico sin importar los medios empleados para alcanzarlo.

Aberrante: Que se aparta claramente de lo que se considera normal, natural, correcto o lícito.

Disociar: Separar una cosa de otra con la que estaba unida.

Ejemplo: "Platón disocia alma y cuerpo para explicar su pensamiento"

Triada: Grupo de tres elementos o seres que tienen un vínculo particular.

Exultantes: Que exulta o muestra alegría u otro sentimiento con gran excitación.

Sibilinas: Que es misterioso porque parece que encierra un secreto importante o que puede tener varios significados ocultos.

Inocular: Introducir en el organismo por medios artificiales el virus o la bacteria de una enfermedad contagiosa.

Introducir [un animal] un veneno u otra secreción en el organismo de otro mediante una picadura, un mordisco, etc.

Incongruencia: Es aquello que se dice o hace y que carece de sentido o coherencia. También se refiere a lo que es contradictorio e ilógico. La palabra incongruencia deriva del latín incongruencia, es decir que tiene falta de congruencia.

DSM-5: Traducción del inglés - Manual diagnóstico y estadístico de los trastornos mentales. La herramienta taxonómica y de diagnóstico publicada por la Asociación Estadounidense de Psiquiatría.

Resiliencia: Es la inefable capacidad que le permite a ciertas personas anteponerse a las distintas adversidades que se les presentan en la vida diaria. Permite desarrollar conductas positivas ante el estrés, las amenazas o algún conflicto.

Aunque hayas leído este interesante libro y podido entender la mente de un psicópata integrado, hay respuestas que deben quedar bien en claras al hacerte las siguientes preguntas

¿Qué es un psicópata según el DSM V?

Las personas con trastorno psicopático, o psicópatas, suelen estar caracterizadas por tener un marcado comportamiento antisocial, una empatía y unos remordimientos reducidos, y un carácter más bien desinhibido.

¿Qué enfermedad tienen los psicópatas?

El Psicópata, posee una personalidad qué sin llegar a ser una enfermedad mental, es anormal. Se la diagnostica, según el DSMIV (Manual de diagnóstico de Psiquiatría) dentro de los Trastornos de Personalidad, como un TRASTORNO ANTISOCIAL DE LA PERSONALIDAD.

Entonces la psicopatía no es una enfermedad sino un trastorno de la personalidad.

¿Cómo funciona la mente de un psicópata?

Respecto al mundo emocional del psicópata, es muy plano, es decir, no diferencia entre emociones, no sabe qué siente, y tampoco le interesa. Tiende más a actuar sus emociones sin llegar a experimentarlas, y no siente culpa ni vergüenza. Su emocionalidad es más bien caprichosa.

Mi amigo Frodo es una de las mejores herramientas para entender cómo funciona su mente.

¿Cómo es un psicópata en el amor?

Un psicópata no tiene la capacidad de amar como propiamente entendemos. Aunque para cada persona la palabra amar tiene una definición distinta, usualmente, esta viene unida a tres cualidades claves: la intimidad, la pasión y el compromiso. Para una persona psicópata, este concepto de amor es, digamos, unilateral.

Las nueve profesiones con más psicópatas integrados del mundo:

Una de las características comunes de los psicópatas es que tienden a elegir las mismas profesiones. Por ejemplo, es muy fácil encontrar psicópatas en puestos de dirección, dada su falta de compasión, su carisma y la falta de temor. Son buenos a la hora de tomar decisiones, pero no se les dan nada bien carreras que necesitas empatía, tales como terapia o enfermería. Con esto en mente, lanzamos la pregunta: ¿qué profesiones suelen elegir los psicópatas?

9. Chef

8. Religiosos/Políticos

7. Policía

6. Periodista

5. Cirujano

4. Comercial

3. Presentador de TV o radio

2. Abogado

1. CEO "la resiliencia del caos"

CONTENIDO